避免营销中的低级错误

张永婷 ◎ 编著

BIMIAN YINGXIAO
ZHONG DE DIJI CUOWU

北京工业大学出版社

图书在版编目（CIP）数据

避免营销中的低级错误 / 张永婷编著. —北京：北京工业大学出版社，2012.7

ISBN 978-7-5639-3050-0

Ⅰ. ①避… Ⅱ. ①张… Ⅲ. ①营销—基本知识 Ⅳ. ① F713.3

中国版本图书馆 CIP 数据核字（2012）第 136187 号

避免营销中的低级错误

编　　著：	张永婷
责任编辑：	孙　澍
封面设计：	尚世视觉
出版发行：	北京工业大学出版社
	（北京市朝阳区平乐园 100 号 100124）
	010-67391722（传真）bgdcbs@sina.com
出 版 人：	郝　勇
经销单位：	全国各地新华书店
承印单位：	三河市元兴印务有限公司
开　　本：	787 mm × 1092 mm　1/16
印　　张：	17
字　　数：	187 千字
版　　次：	2012 年 8 月第 1 版
印　　次：	2021 年 1 月第 2 次印刷
标准书号：	ISBN 987-7-5639-3050-0
定　　价：	32.00 元

版权所有　翻印必究

（如发现印装质量问题，请寄本社发行部调换 010-67391106）

前　　言

在营销领域，不管是刚刚从事营销工作的新人，还是已经在市场摸爬滚打的营销老手，他们一定都渴望自己具备顶尖的营销素质，能迅速地开拓市场，拥有更多的客户，掌握更多的营销技巧，顺利做好营销的每一个环节，用优异的销售业绩来展示自己的才干，通过一张又一张的订单来显示自己的价值。然而，在现实生活中，一些具备吃苦精神和拥有远大理想的营销人员之所以"出师未捷身先死"，不是因为他们犯了多么"高级"的错误。这些人一心盯着可观的业绩，没想到却掉进了低级错误的陷阱。这些并不隐秘、本不具有巨大杀伤力的陷阱，竟然一再成为不少志存高远的营销人员的"葬身之地"！

《避免营销中的低级错误》不是简单的纠正错误的营销手册，而是采用生动详实的故事及案例，抛砖引玉，深入浅出地分析了目前营销人员在实际工作中经常遇到的具体问题，剖析了营销人员在营销过程中易犯的低级错误，诸如：营销心态错误、营销策略偏差、说服沟通有误、忽略营销细节、缺乏稳定客户、电话营销错误、网络营销错误、售后服务不周。通过研读本书，你就可以对营销中所犯的错误有较深刻的认识，获得成功的力量和克服困难的勇气与智慧，掌握避免低级错误的

方法,并将头脑中的感性认识理性化,最终转化成自己的营销经验和技巧。

我们坚信,《避免营销中的低级错误》能为渴望全面掌握营销知识和技巧、渴望在营销工作中取得辉煌业绩的人士助一臂之力,使其摆脱错误陷阱,在这个营销为王的时代脱颖而出,演绎营销神话!

目 录

第一章　营销心态错误 …………………………… 1
害怕被客户拒绝 ……………………………………… 1
缺乏自信，难以成功 ………………………………… 6
不能坚持则前功尽弃 ………………………………… 10
畏惧困难，害怕挑战 ………………………………… 13
缺乏团队合作意识 …………………………………… 16
只重理论，忽视实践 ………………………………… 19
不善于自我调节情绪 ………………………………… 22
小订单不愿做，大订单拿不来 ……………………… 24
因过去的成功而骄傲自满 …………………………… 27
缺乏进取之心，不够积极主动 ……………………… 30
陷入思维定式，观念受到局限 ……………………… 34

第二章　营销策略偏差 …………………………… 42
营销目标不明确 ……………………………………… 42
不做营销计划 ………………………………………… 45
品牌意识不强 ………………………………………… 50
缺乏开拓精神 ………………………………………… 53
刻意模仿 ……………………………………………… 55

　　报价不合理 ………………………………………… 58
　　只求眼前业绩 ……………………………………… 60
　　忽略环境因素 ……………………………………… 62
　　对竞争对手又怕又恨 ……………………………… 66
　　产品情感寓意不突出 ……………………………… 69

第三章　沟通存在障碍 ………………………………… 73

　　不给客户说话的机会 ……………………………… 73
　　使用术语让客户听不懂 …………………………… 76
　　过分地夸大产品的优点 …………………………… 81
　　陷入价格争议的旋涡中 …………………………… 83
　　死缠烂打搞营销 …………………………………… 86
　　听不出客户的弦外之音 …………………………… 88
　　无意中伤害了客户自尊 …………………………… 92
　　不懂赞美客户的重要性 …………………………… 96
　　不会主动向客户提问 ……………………………… 100
　　忽略开场白的作用 ………………………………… 104

第四章　忽略营销细节 ………………………………… 109

　　不注重个人形象 …………………………………… 109
　　对产品知识缺乏了解 ……………………………… 112
　　不会合理安排时间 ………………………………… 116
　　不注意最佳约见时间 ……………………………… 121
　　接近客户时不注意细节 …………………………… 124
　　无法确定谁是成交决策者 ………………………… 127
　　过分热情让客户不舒服 …………………………… 131
　　不善于察言观色 …………………………………… 133

在营销中不会营销自己 ·············· 136

不注意保守商业秘密 ················ 139

第五章　缺乏稳定客户 ·············· 144

开发新客户力度不足 ················ 144

客户资源严重流失 ·················· 147

不善于建立客户关系 ················ 150

不善于维护客户关系 ················ 154

忽略客户的满意度与忠诚度 ·········· 156

不懂区分对待不同的客户 ············ 158

忽视小客户，丢掉大生意 ············ 164

第六章　电话营销错误 ·············· 167

电话营销前准备不足 ················ 167

与客户初步沟通时缺乏信心 ·········· 171

不善于探询客户需求 ················ 176

没能与客户保持长期关系 ············ 181

忽视电话协议后的跟进工作 ·········· 185

不注重自己在电话中的感染力 ········ 189

电话营销中不分对象 ················ 196

不习惯赞美对方 ···················· 205

缺乏提问能力 ······················ 207

缺乏倾听技巧 ······················ 211

第七章　网络营销错误 ·············· 215

网络营销准备工作不足 ·············· 215

认为网络营销易如反掌 ·············· 219

认为网络营销就是网址推广 …… 220
盲目跟风，忽视最佳模式 …… 222
迷信搜索引擎优化 …… 224
陷入关键词设计误区 …… 227
不掌握沟通中的语言技巧 …… 231

第八章 售后服务不周 …… 239

不懂利用售后服务维系关系 …… 239
把售后当做营销工作的结束 …… 243
无视、抗拒客户对产品的投诉 …… 247
缺少有效的售后服务管理机制 …… 252
不能妥善处理索赔问题 …… 256
没有正确对待客户的抱怨 …… 259

第一章 营销心态错误

营销人员的营销心态,直接决定着营销行为的成功与否。事实上,只有抱着积极乐观的营销心态,才能克服所有挡在前面的困难及障碍,并最终体会到成功的喜悦。

害怕被客户拒绝

营销是一项艰辛的工作,稍有不慎,便会遭遇失败。当客户对你的产品并不感兴趣或是不喜欢你时,订单是不容易拿到手的。因此,不要认为只要客户接受你的拜访,就会接受你和你的产品,大多数情况是,在你费尽口舌之后,得到的结果却是"我要考虑考虑"或将你直接扫地出门。与客户完成一笔订单交易往往是一个长期的过程,客户也许会在当时答应购买你的产品,之后却又反悔推掉,或者中途与别人合作,拒绝了你的生意等,这些情况都是营销过程中的常见现象。因此,作为营销人员,不要害怕被客户拒绝。

晓琳是一家餐具公司的营销人员,她刚进入营销行业时,也曾遭到过不少的挫折和困难。有一天,晓琳到一家饭店拜访一位老板,那位老板正埋头工作。当晓琳做过自我介绍并且说明来意后,他一副不耐烦的样子,挥挥手说:"营销餐具,

我不需要!"晓琳觉得自尊心受到了严重的伤害。从那时起,晓琳对营销充满了恐惧。她每次出门拜访前,都在心里不停地嘀咕着:"希望这次我不会被拒绝。""如果被这位客户拒绝,我该怎么办?""已经被拒绝一次了,这次要是再不成功……"由于晓琳过于担心被客户拒绝,使得她常常不能做好充分的准备工作,满脑子都是客户冲她大嚷"我不需要!请走开!"的场景。在如此的心惊胆战中,晓琳哪儿还有勇气去敲客户的门呢?

像晓琳一样害怕被客户拒绝的营销人员并不少,有句话叫"一朝被蛇咬,十年怕井绳"。由于一次被客户拒绝,使得全部的信心和勇气都消失殆尽,以为日后必有更多的拒绝要面临。没有出发就先被自己吓倒,用这样的心态面对营销工作,自然难以获得良好的业绩。

无论做什么事情,要想有所收获,就必须勇敢,敢于面对失败。如果你因为害怕客户的拒绝,而为自己找借口逃避,那么你永远都不可能超越自己。被客户拒绝一次就一蹶不振,这样脆弱的心态连工作都进行不了,又谈何营销业绩呢?

营销的工作并不是轻松的,并非轻而易举地就可完成。那些有"世界上最伟大的营销人员"之称的营销高手们无不拥有无数次被客户拒绝的经历:

美国最出色的营销人员乔·吉拉德,曾经在与一位客户保持了三年多的联系之后才获得订单,而这位最初对乔·吉拉德严词拒绝的客户竟然为他带来了三十多位客户。

被称为营销之神的日本营销人员原一平，在拜访一位客户时，曾经到客户家中二十余次而被拒绝进入家门也曾经在一天之内连续访问了十位客户但都遭到了拒绝。

全球第一金牌营销人员雷德曼曾经说过这样一句话："营销，是从被拒绝时开始的。"

既然连营销高手都不可避免地会遭到客户拒绝，那么，对刚涉入营销领域的初级营销人员来说，拒绝便更是常见的事。

面对客户的拒绝，你不应该把全部的担忧都放在它所带来的后果上，应该想办法转变客户坚决拒绝的态度。

首先，你要弄清楚客户拒绝的原因：是不是没有找准客户？如果客户没有购买需求，那么刚开始为什么要选择他们，以后该如何避免找错客户？如果客户有购买需求，但暂时不需要你的商品，这类客户是否要继续跟踪，直到购买时机？是不是商品介绍不够专业？是不是没有找对对方的真正决策人等。你可以将所遭遇到的拒绝加以汇集整理，深究客户心理上的抗拒原因并以此作为参考，这样以后就能坦然面对被拒绝或者采用相应对策避免被拒绝了。

找到了客户拒绝的原因，了解了自己和客户双方的心理后，这时就要运用巧妙的策略使客户的拒绝转为成交。

第一，重复足够的遍数就能征服客户

调查显示：有80%的购买决定是在第五次拜访之后做出的，而80%的营销人员在拜访客户未达到五次时就放弃了。你的潜在客户今天看上去可能没有购买需求或是缺乏购买能力，但这种情况是会

变化的，今天还不存在的需求，可能明天就成为紧迫的要求，所以要反复地进行拜访。

此外，每一次拜访都要努力。因为只有当你努力成交时，你才能算得上是在营销。在两次拜访之间，可以通过信件、传真、电子邮件、电话等方式与客户保持密切的联系。在每次拜访中不断获悉客户的真实需求，并通过有技巧的再访，减轻对方的排斥心理。有耐心地持续第三、第四次拜访，或许客户已在盘算，等你下次再来时，就部分或全部接受订单。

请记住：客户的第一次拒绝，并不是真正的拒绝，只要重复足够的次数，就一定可以征服客户。

第二，把好处说够，把痛苦说透

购买是一个"追求快乐、逃避痛苦"的过程。因而，促成营销的一个很重要的原则就是要"把好处说够，把痛苦说透"。从心理学的角度上讲，一个好处的产生，要让客户感受出来才行，这样才能产生购买的动机。仅仅告诉客户这些好处还不够，必须重复这些好处，一次、两次、三次……这样才能对客户的潜意识产生影响。所以说，当你不断地重复灌输时，客户的购买欲望会增大。

在现代营销理念中，有一种营销策略叫"催眠式营销"。它的核心思想就是将好处重复灌输到客户潜意识里。一些客户原本不太注意、不太确定的东西，重复多了，就会深深地刻印在脑海中，甚至成为真理。

日本营销大师原一平每次在推广保险的时候，都会讲一个因没有买保险发生意外和死亡的悲痛故事，他的真情感动得客户流下泪水，这时他便说道："我真的不希望这样的故事发生在我遇到的每一个人身上，我有责任去帮助他们，我出售的不是保单，我出售的是爱和保障。"他在面对客户的拒绝时，通过一次次地重复，将痛苦描述够，一步一步地突破客户的心理防线，使得客户的强硬拒绝一点点地变软。

另外，你还要明白的一个道理是，虽然这次没有营销成功，但也达到了拜访的效果。经历一段拜访后，你会深深体会到，拒绝的经验是宝贵的，它不是时间的浪费，而是让你从拒绝中找到处理拒绝的诀窍，并从拒绝中提升自己的营销能力。

成功的营销人员要能够以正确的心态对待客户的拒绝。拿到了订单，不要表现出过分的欢喜；没有拿到订单，也不要怨天尤人、悲观消沉。如果大订单未能成交，那的确令人沮丧，但只要投注心力，还有另外一笔大订单等着你。在营销过程中，每一次失败都积累着后期的成功，如果你的营销业绩不佳，不是要退却改行，而是要仔细回忆所有的营销环节，发现问题，积极改进，下一次你就能获得成功。

营销人员与其整日幻想着成功的订单，逃避拒绝，不如抱着被拒绝的心理准备去争取。营销人员应好好研究应对策略，如客户可能怎样拒绝、为什么要拒绝以及如何对付拒绝等问题。那么，你就能反败为胜，获得成功。

缺乏自信，难以成功

对于一个营销人员来讲，信心是赖以成功的前提。如果一个营销人员缺乏自信，在营销还未开始的时候，就认定"这件事情太难了，我不可能做到"，并在工作过程中若一直抱有这种错误的心态，那必定会心存胆怯，最终一事无成。

在营销界，不管是刚上路的新人，还是元老级的营销高手，都避免不了要被客户拒绝。很多营销人员在被客户拒绝之后，便自信全无，认为自己一无是处，根本就没有能力做好眼前的工作。事实上，世界上本来很少有完全"不可能"的事情。具备了充足的自信心，就会让许多不可能的事情变成可能。由此可见，营销人员缺乏信心、过于自卑、丧失斗志，将会直接影响到他们的职业前途。

通常来说，营销人员进行随机拜访时，要面对50次以上的"不需要"、"没预算"、"不喜欢"、"太贵"等拒绝，才会产生一个客户。优秀营销人员的过人之处，就在于他们经历了50遍拒绝之后，还是满怀信心地敲开第51家的大门，去迎接胜利。

许多业绩平平的营销人员，之所以不能在原有的基础上再进一步，就是因为本身没有足够的自信去应对工作和客户。只要营销工作遇到一些小小的阻力，他们便会认为自己没有能力完成这笔交易。

营销人员萧雅，入职以来一直业绩不佳。老板问她原因时，她回答说："我总认为有些工作是我不可能做到的。"老板听她这么说，反问道："有什么不可能的？别人都能做到的事情，为什么你就偏偏认为自己不能做到？"萧雅小声地说:"我文化不高,人际关系也不广,所以总是遭到客户的拒绝。""你不用解释了,我只要最后的结果,借口你就不要再说了!"老板不耐烦地打断她的话。

萧雅硬着头皮走出了办公室,去拜访客户。当她强迫自己去见某公司的张总时,心里直犯嘀咕:我是不可能成功的,张总又不认识我。见到张总问好之后,还没开始营销自己的产品,"我不可能成功"的念头就像挥之不去的恶魔一样控制了她的大脑,结果自然可想而知了。

像萧雅一样缺乏自信心的营销人员,"不可能"这个词在他们心里会时常出现。尤其是新从业的营销人员,一想到可能会失败时,就会停滞不前。这就是患了"失败恐惧症",而"失败恐惧症"又会引起"访问恐惧症"。他们因为被拒绝而丧失了自信,又因为丧失了自信而更容易被拒绝。假如陷入如此恶性循环中,久而久之,他们就会在主观上否定自己的能力,最终心理上的"不可能",转变为实践中的"不能"。

其实,在大部分情况下,当客户说"不"的时候,这个客户并没有否定你这个人,也并不表示你这个人没有能力。这只是表明,你还没有完全解除他对购买这种产品的抗拒,以及对于购买你的产品可能是一个错误的购买决定的恐惧。思想可以决定人的行动,当营销人员有这种消极思想的时候,自然也就难以获得成功。

多用积极的语言鼓舞自己,就比较容易形成潜意识。这种潜意识又会影响营销人员的行为,使其在不知不觉中变得主动。

避免营销中的低级错误

丽蓉做营销工作已经两个月了,却一直没什么业绩,这让她心里十分不安。丽蓉意识到应该马上改变这种不利的局面,可是怎么改变呢?她把苦恼告诉了同事。这位同事是一个业绩非常好的营销人员。

同事对丽蓉说:"从今天开始,在你早晨起床、穿衣服、吃饭、散步的时候,你要不停地对自己说,'我今天就能做成一笔买卖!'要带着感情、有信心地说。即使是晚上睡觉,也要对自己说:'我明天就能做成一笔买卖!'要不断地说,直到你入睡,如果可能的话,梦中也要说。"

丽蓉真的按照同事的话去做了,她不断地重复这句话。在这个过程中,她已经下意识地接受了这句话的含义,开始相信这句话了。

一天,当丽蓉与一个新客户洽谈业务时,她看到客户带有几分消极和拒绝的神态。但她一点儿也不感到奇怪,因为她相信今天一定能做成一笔买卖。在继续与客户洽谈时,奇迹终于发生了。尽管这个客户的态度仍然不够积极,但却露出了一点儿想购买丽蓉产品的愿望。这时,丽蓉的潜意识一下子被调动起来了,似乎有人在给她的成功助威。丽蓉对自己说:"坚持下去,今天就能做成一笔买卖。"这样想着,丽蓉便对此深信不疑了。不用说,丽蓉做成了这笔买卖,她的目的达到了,这是她两个月来第一次做成的买卖。

现在,丽蓉已成为一名金牌营销人员。

营销人员最主要的是自信,只要有信心坚持下去,抛开"我不可能做到"的魔咒，就有成功的可能。

在任何一个成功的营销人员的大脑里，根本没有"我不可能做到"这句话。因此可以说，自信是积极向上的产物，是一种可以助你成功的神奇力量，自信是营销人员所必需具备的、最不可缺少的一种气质。

营销人员应该从以下方面培养、表达你的自信。

第一，做好失败的准备

营销人员在每一次新的营销工作尚未开始之前，往往会有无数美妙的幻想，正所谓希望越大，失望也就越大，所以很容易因大失所望而深受打击。因此，营销人员应该经常对自己说："开始一定是不顺利的，唯有不断地反复，才会变得顺利。"

反复实践是走向顺利的唯一方法，即所谓"反复十次能够记住，反复一百次能够学会，反复一万次，就变成职业高手了"。

第二，肯定自我价值

营销人员在营销过程中，一定要给自己摆正位置。你要坚信，你的产品是客户急切需要的，你的工作可以给客户带来最大的便利。只有自己先肯定产品的价值，才会自信满满地投入工作。

第三，将恐惧感转换成积极因素

克服对于失败及被拒绝的恐惧，其另一个有效的方法就是，定义失败和被拒绝实际上都是一种内心的感觉。当对方用某种特定的方式对你做了某些事之后，你就感觉被拒绝了，而这种感觉决定了

你的行为及反应。所以，你有必要将这种感觉转换成积极因素。

总之，要想成为一名成功的营销人员，不断地倍增营销额，你就必须时时充满自信，事事表现自信，信心十足地去接近客户，迎接营销中的每一次挑战。

不能坚持则前功尽弃

世界最难的事就是坚持。能否坚持到底，是界定一个营销人员成功与失败的分水岭。只有经得起风吹雨打的人，才是最后的胜利者。因此，绝不轻言放弃，要不断地努力下去，以取得营销的最后胜利。

高木是日本著名的营销界人士，写了不少著作。他说："切勿做一个只在山脚下转来转去的毫无登山意志的人。必须尽自己的体力，攀登上去。有此宏愿，即使技术不够，也还是可以最终登上山顶的。"

当年，高木初入营销界的时候，也是一切都不尽如人意。他每天跑三十几家单位去营销复印机。在第二次世界大战后百废待兴的时期，复印机是一种非常昂贵的新型商品，绝大部分机构都不会购买。大多数机构连大门都不让营销人员进；即使进去了，也很难见到主管。高木只好设法弄到主管的家庭地址，再登门拜访。而对方往往让他吃闭门羹："这里不是办公室，不谈公务，你回去吧。"第二次再去，口气更为强硬："你还不走，我可要叫警察了！"

头三个月的业绩为零，他连一台复印机也没有卖出去。

他没有底薪，一切收入都来自交易完成以后的利润分成。没有做成生意，就没有一分钱收入，出差在外时住不起旅馆，只好在火车站候车室过夜。但他仍然坚持着。

有一天，他打电话回公司，问有没有客户来订购复印机。这种电话他每天都要打，每次得到的都是值班人有气无力的回答："没有。"但这一天，回答的口气不同了："喂，高木先生，有家证券公司有意购买，你赶快和他们联系一下吧。"

简直是奇迹！这家公司决定一次购买8台复印机，总价是108万日元，按利润的60％算，高木可得报酬超过19万日元。这是他的第一次成功。从此以后，时来运转，他的营销业绩直线上升，连他自己都觉得惊讶。进入公司半年以后，高木已经是公司的最佳营销人员了。他觉得，之所以能够成功，是因为他将整个生命都投入到这个工作中去了。

有一天，他到某公司营销，主管很仔细地听取高木的产品介绍，然后说："请你拿一份图纸给我看看。"高木将图纸送过去，新的要求又来了："请你把那些已经使用这种复印机的单位名录给我看一看。"高木不厌其烦，又整理了一份名录送过去。那人说："请再为我算算成本。"总之，每一次对方都有新的要求，就是不提购买的事。高木有求必应。就这样拖了两个月，主管竟然提出："请你们的社长来一次好吗？"

高木不知道他葫芦里卖的什么药，但还是请社长一起去拜访了这位主管。吃饭时，这位主管对社长说："你这位高木先生实在了不起。我工作了这么多年，不知见过多少营销

人员，但能完全遵照我的要求办事的，只有他一个人。"从此以后，这家公司所有购买复印机的业务，一律交给高木办理。

高木的故事告诉我们：作为一个营销人员，即使成功的概率微乎其微，但只要存在着可能，就要勇敢地接受挑战。只有勇于接受挑战，才会存在成功的可能性。倘若在一开始就放弃，胜利的号角绝不会为你响起。

要想把营销坚持到底、不言放弃，或者说面对挫折想要坦然去应付的话，那你就必须具备下面的心态：

第一，热情，赤诚

一个对自己的职业都不热情的人，怎么会调动客户的热情呢？营销人员的热情是一种具有感染力的情感，他能够带动周围的人去关注某些事情。当你很热情地去和客户交流时，你的客户也会"投桃报李"。当你在路上行走时，正好碰到你的客户，伸出手，很热情地与对方寒暄，也许，他很久都没有碰到这么看重他的人了，没准儿你的热情就能促成一笔新的交易。

事实上，抱有一颗赤诚之心，诚恳地对待客户、同事，这样，别人才会尊重你，把你当做朋友。为此，许多营销大师指出，首先要对人真诚。真诚面对自己，真诚面对别人。这么一来，才能因尊重对方而赢得敬重，才能抑制挫折的出现。

第二，自信心

自信是一种力量，要对自己有信心。每天工作开始的时候，都要鼓励自己："我是最优秀的！""我是最棒的！"同时，要相信公司，相信公司提供给客户的是最优秀的产品，相信自己所营销的产品是同类中最优秀的，相信公司为你提供了能够实现自己价值的机会。

第三，具备韧性

营销工作实际是很辛苦的，这就要求营销代表要具有能吃苦、坚持不懈的韧性。"吃得苦中苦，方为人上人。"营销工作的一半是用脚跑出来的，要不断地去拜访客户、协调客户，甚至跟踪消费者提供服务。营销工作绝不是一帆风顺的，会遇到很多困难，但要有解决困难的耐心，要有百折不挠的精神。

畏惧困难，害怕挑战

一个营销人员，畏惧困难，就无法赢得客户，害怕挑战，就无法在事业上有所成就，这是营销界亘古不变的真理。

营销工作的最大特点，就是每时每刻都在挑战中求生存。营销工作不同于其他工作，可以在固定模式下，按部就班地产生效益。营销人员所面对的，总是接二连三的新问题和形形色色的客户。每一个问题，每一次营销，都是一次新的挑战，所以对于营销人员来讲，一个基本的素质就是敢于迎接挑战，在困难面前不退缩。

现实中有很多营销人员，在挑战面前缺乏斗志，在困难面前总想退缩。生命的奖赏总是在旅途的终点。在你迈出第一千步时，虽

避免营销中的低级错误

然可能遭到失败,但是,成功也许就在第一千零一步。也许再前进一步,再坚持一次,就可以收获累累硕果。

有两个年轻气盛的保险营销人员,一个叫阿亮,一个叫阿文,他们一起前往某县城做人寿保险的营销工作。到达县城之后,两个人一家接着一家地营销人寿保险,这无疑是一项既枯燥、辛苦又处处充满挑战的工作。

时间一天天地过去了,他们拜访的客户也一天天地增多,阿亮和阿文的脚都已经磨破了,也面临许多的困难。终于,在拜访第九百九十九个客户的时候,阿文退缩了,他决定离开。

这时,阿亮不甘心地说:"我们都已经拜访了九百九十九家了,就这样放弃了岂不是半途而废?要不就再拜访一家凑到第一千家吧,说不定最后一家就可以买很多保险呢。"

阿文不耐烦地说:"我遇到的困难已经够多的了!不是我要退缩,而是再这样坚持下去也没有意义了。"说完,他头也不回地走了。

在这种情况下,阿亮没有被眼前的困难吓倒,他依旧接着拜访客户。没想到,第一千个客户竟然是这个县城的一位副县长,是专门负责全县公务员人寿保险工作的。

副县长听了阿亮的介绍后,决定为全县的公务员都买阿亮的保险,这可是一笔大单子啊!就这样,阿亮一下子完成了公司交给他三年的保险营销任务。而阿文却不能坚持这最后一步，因而与成功失之交臂，实在可惜！

营销人员在营销工作中遇到的最大挑战，恐怕就是客户的拒绝。如果一名营销人员不敢面对客户的拒绝，那么，他就根本没有希望取得好业绩。抱着"只要不断地努力，我就一定会成功"的坚定信念，即使客户冷眼相对、表示厌烦，自己也信心不减，只有这样坚持不懈地拜访客户，才能"精诚所至，金石为开"，最终取得成功。如果一名营销人员具备了这种高昂的自信心，那么就能战胜各种困难，超常发挥自己的才能，最终获得成功。

营销是一项不易取得成绩的工作，它不像工厂里的生产，只要开动机器，就能制造出产品。在很多时候，营销人员忙忙碌碌，四处奔波，费尽千辛万苦，说尽千言万语，也没有一张订单。久而久之，一些人就会对自己的工作失去信心。作为一个合格的营销人员，应该具备一种"舍我其谁"的坚定信念。

每个客户都需要经过数次权衡才能与营销人员成交。要想使整个营销业绩得以提升，就要经过千难万难，做好公关工作。如果没有克服困难的决心、迎接挑战的雄心，绝对不是一个好的营销人员。

正因为如此，营销人员不应期待自己能在营销道路上一帆风顺，因为在营销的这条路上，只有在不断地挑战中摸爬滚打，才可获得真正的成功。没有在实践中经历过艰难困苦，任何理论都是纸上谈兵、毫无作用。

每个营销人员都想在困难面前保持斗志，但由于个人性格、际遇有所差别，所以有些人常常难以如愿。那么，如何在营销中取得成绩呢？不妨在以下两点上多下工夫。这些建议，可以帮助营销人

员提升挑战困难的决心。

第一，坚持到底

坚持不懈地付出是营销人员取得良好业绩的不二法门。据有关调查及研究指出，不能坚持，是营销失败的主要原因。

一个人想干成任何事，只要能够坚持下去，就一定能够取得成功。一个人做一点儿事并不难，难的是持之以恒地做下去，直到成功。

第二，坚定的信念

坚定的信念可以让人产生不达目的誓不罢休的原动力，因为信念会使一个人专注和乐观，是"心灵的鸡汤"。由信念产生的积极态度充满了活力，它会帮助营销人员保持旺盛的精力和斗志。

缺乏团队合作意识

团队精神是一个企业整体营销核心竞争力的"灵魂"，也是营销人员应该具备的品质之一。所谓团队精神，简单来说就是大局意识、协作精神和服务精神的集中体现。团队精神的基础是尊重个人的兴趣和成就，核心是协同合作，最高境界是全体成员的向心力、凝聚力，反映的是个体利益和整体利益的统一，进而保证组织的高效率运转。挥洒个性、表现特长的团队精神保证了任务的完成，而明确的协作意愿和合作方式则产生了真正的内心动力。团队精神是组织文化的一部分。

在营销队伍中，有很多营销人员认为团队意识可有可无。我们经常会看到这样的情况：在企业的办公室里，有一大群制订计划和战略的高级经理们，但在市场上活动的营销人员却寥寥无几，而且这几个营销人员，常常各自为战，互相之间也并没有建立起有效的沟通合作机制。缺乏团队意识的营销人员，又怎么能够在事业上走得长远呢？

有些营销人员说："我自己就完全可以胜任营销工作了，不需要别人的配合！"这样的说法虽然有自信的成分，然而他们没有想过，就客户而言，是喜欢与一个稳定的、优秀的营销团队打交道，还是喜欢与一个杰出的却孤军奋战的个人打交道，答案肯定是前者。因为团队能够给予客户最大的安全感、最好的服务以及全方位的考量。而个人的力量在团队面前，却显得微不足道。如果一个人丝毫没有团队意识，无论他的能力有多强，他也不能称得上是一个优秀的营销人员。

也许个人缺乏团队意识，只会给自己带来小的损失，而作为一个企业，如果没有一个团结的营销团队，那么对于整个企业的发展来讲都是极为不利的。所以，企业更应注重团队意识的培养。只有广纳贤才、统一思想，才能打造一个合格的营销团队。

说到团队精神，不禁让人联想到狼。

论单打独斗，狼恐怕还不及一条凶悍的狗。但是，狼群在捕猎过程中，因为有着严密有序的集体组织和高效的团队协作精神，它们完全可以和虎豹一争高下。相比之下，狼是弱小的，只有当狼以群体力量出现时，它才能展现出强大的攻击力。

在竞争激烈的市场营销中，狼群的这种特性正是营销人员所需要的。只有那些强调了团队合作、采用规范严密的管理流程的组织，

才更容易获得成功。在这样的团队中,每个成员都很清楚个人和团队的共同目标,明确各自的角色定位和在整个团队中的作用,分工合作,相互照应,有效地发挥角色所赋予的最大潜能,从而推动整个市场的高速运转。这就是人们常说的"狼性团队精神",即互助合作,配合协调,团结一致,最后夺取胜利。正因如此,团队意识就成了营销人员和营销团队必不可少的一种素养。

一个优秀的营销团队,应该具备以下一些鲜明的特征。

第一,有福同享,有难同当

好的营销团队,应该做到在荣誉面前不争高低,在问题面前不互相推诿,始终保持着荣辱与共的良好氛围。团队成员之间需要互相了解,彼此信任,对市场的所有信息充分占有和共享,相互支持,配合默契。

第二,集体利益可以保障个人利益

以前一提到团队精神,人们总会说"集体利益高于一切,凌驾于个人利益之上"。但是,这种大无畏的献身精神,在营销中却是没有市场的。一个营销团队要想获得成功,就必须首先满足团队成员的个人利益,将团队利益与个人利益紧密联系起来,这才是一个营销团队最佳的利益分配原则。

第三,团队的分工要明确

一个团队的分工若是不明确,则极有可能出现人浮于事、分配不均、引发矛盾等情况,这对于团队精神的建设是不利的。

总之，一个营销人员，若想让自己能够在团队中获得一席之地，首先必须以团队为家，要像对待家人一样对待队友，给他们帮助和温暖，同时，也要感受到来自团队的关心和帮助。在工作中，要尽量与队友交流，引领团队形成一种积极向上、互助协作、温馨和谐的团队氛围，在团队中形成"我为团队而自豪，团队以我为骄傲"的团队主人翁文化理念。营销人员用自己的能力帮助团队实现利益最大化，也借助团队的力量使自己的利益实现最大化，这才是一个营销人员应有的团队思维。

只重理论，忽视实践

有些营销人员认为，只要学好营销理论，就可以应对营销工作中的一切问题。他们花大量时间研究一些理论性的东西，而不注重实践，到头来，这些"学院派"的营销人员始终难以取得好业绩。

也许有的营销人员会疑惑：我已经掌握很多关于营销的理论知识，为什么就不能成功呢？其实，这种认为理论可以解决一切问题的想法，本身就是错误的。

对于营销工作而言，空有理论而不去实践，那么成交永远是天上的彩虹，虽然看着美丽，实际上那一切只不过是虚幻而已。你不与客户接触、商谈，就不要指望会做出什么业绩。而商谈的最佳方式，则是面对面进行交流。

当然，理论是前人总结出的经验教训，但那是他们实践的结果，而且，同样的理论对于不同的人、不同的场合可能产生不同的作用。唯有真正地去做、去体会，你才能将理论转化成自己的东西。

避免营销中的低级错误

营销人员小王是某大学市场营销专业毕业的高才生。毕业之后，他如愿到一家保险公司任职。在保险公司，小王的上司让他先去做基层的客户工作。但小王很不愿意，他认为自己出身科班，应该去做一些高阶层的营销工作。

公司的主管看透了小王的心思，就把小王叫到办公室问道："小王，你是不是认为，有了理论知识就可以轻易地在实践中拿到订单？"

小王心里想，这是肯定的，但他嘴上还是说："实践当然也是很重要的。"

主管又问他："那如果现在把你和一个没有受过专门教育的老员工放在一起，你认为谁的业绩会好一点？"

小王说："老员工有经验，而我有理论，应该差不多吧。"

主管笑着说："既然这样，那你先去做一段时间最基本的工作，然后我们再搞一个评比，如果你能和老员工平分秋色，我立刻提拔你。"

小王立刻来了精神，他认为自己肯定会超过他们，所以满心欢喜地答应了。

可是，到了实践工作中，处处充满了变数，小王生搬硬套那些理论，在遇到突发情况时，常常手足无措。再看那些老员工，他们虽然没有经过系统训练，但是有多年的实践经验，应对起来可谓游刃有余。

这时候，小王终于明白：理论不经过实践检验，根本就无法为自己创造效益。明白了这个道理之后，他便安心地投入到最基层的工作当中去了。

事实上，像小王这样的营销人员并不少，他们往往过分注重营销理论，忽视实践。营销人员的工作更需要不断地与客户接触，不断地在实践中磨炼，提高自己的应对能力和营销技巧。光抱着理论知识，根本无法很好地完成工作。

并不是说理论知识不重要、可有可无。理论来源于实践，又指导实践。市场营销学就是产生于市场经济的实践，又反过来指导市场经济的发展。学习理论固然是很重要的，但营销人员更需要走到营销第一线，与客户面对面地接触。多与客户接触，经验就会不断地增长，而且人际关系也会不断地扩展。

营销界有句话叫做"见面三分情"，意思是说，多见几次面，与对方建立情感联系，而不单单是冷冰冰的工作关系。事实证明，营销人员只有不断地在实践中积累经验，认真经营与客户之间的感情，才能为自己的业务发展打下牢固的基础。

实践与学习理论比起来，自然更费力气，更需要营销人员付出辛劳。但俗话说"一勤天下无难事"，可见"勤"这个字是一切成功的基本要素。只要勤于努力，一切事情都可以迎刃而解。在营销上运用"勤"字，同样具备实用价值。我们常说"做营销是个一勤胜百巧的工作"，这充分说明了勤劳是营销成功的关键。

营销人员在理论学习之后，必须借由不断地练习来提升经验与胆量，长久累积，使之成为自己营销习惯的一部分。营销能力就如同爬楼梯一般，由下而上、步步踏实。在实践中建立起自己扎实的信心，千万不要好高骛远。许多不切实际的人往往是说得多、做得少，

光说不练绝对是无法达到目标的。流于形式和花哨的营销练习,对于营销能力是完全没有帮助的,说穿了只是花拳绣腿,根本不堪一击。

不善于自我调节情绪

由于工作压力大,做营销的人情绪波动也较大,这就更需要营销人员善于控制自己的情绪了。在营销活动中,许多人都明白这个道理,但遇到具体问题总是知难而退。人有七情六欲,外界的环境和发生的事情会影响到自己的心情,导致情绪发生变化。如果让不好的情绪压倒了理智,这对营销人员的事业将是一个重大打击。

在很多情况下,情绪是不能解决任何问题的。作为一名营销人员,不要把内心不好的情感表现在脸上,因为表现出来的这种情绪,会在不同程度上对他人产生不良影响,甚至会让他人对我们保持一定的距离。

营销人员郑刚,一大早和妻子大吵了一架,情绪低落。但此刻还有一个重要的老客户必须拜访,他不得不前往。

当郑刚见到这位和他已经很熟悉的老客户时,对方主动和他打招呼,兴致勃勃地问候说:"这段时间怎么样?"

这个客户本来是想好好地和郑刚聊聊的,但是郑刚却还深陷在不良的情绪之中,只是面无表情地搭话说:"不怎么样。哦,对了,你们下季度有多少进货量?"

老客户对于郑刚的冷漠感到很失望,就说:"这个问题我们还需要研究,现在还没有定下来。"

郑刚不耐烦地说:"那你们快点儿!"

客户听了他这话,心里有点不高兴了,就想:这人今天怎么这样?我是来做生意,不是来受气的!想到这儿,也没好气地对郑刚说:"这么急呀,我们现在无法确定下来。我看,你还是先回去吧。"

郑刚一听客户这么说,心想:既然你们还没定,那约我干什么?本来情绪就不好,于是,很不理智地拂袖而去了。

这件事让那位客户心里很不舒服,慢慢地疏远了和郑刚的关系,他们之间的生意也就没再继续做下去。

一个有作为的营销人员,应该是乐观、开朗,工作和生活都积极的人。像郑刚这样的营销人员,常常把生活中的一些消极情绪带到工作当中,对工作造成不利的影响,这正是营销人员的大忌。所以,你应该知道怎样把握自己的情绪,每天都让自己处于积极的状态中。

每一次与客户见面之前,营销人员都要梳理和调整一下自己的情绪,把不良情绪抛到一边,然后用愉快的心情和笑容面对客户。千万别因为情绪的困扰,如小孩子发烧、热水器故障等小事破坏了心情。假如以坏心情面对客户,那样只会使彼此的关系恶化。

要想保持良好的心态,营销人员不妨试试下面的办法。

第一,坦然正对遭遇

要想控制情绪,必须学会正对遭遇。怨天尤人是弱者的表现,不管是兴奋也好,悲观也好,都不能成为裹足不前的理由。要相信自己的努力和付出终将得到回报,迅速摆正你的心态,轻轻松松地

控制好自己的情绪，以振奋的心情去继续拼搏、前进。

第二，逆境中改变态度

消极的不良情绪，是营销过程中导致失败的绊脚石。这些情绪所导致的失败，又会助长不良情绪的蔓延。所以，要从所处环境的角度改变自身态度，用开放性的语气对自己坚定地说："我一定能走出情绪的低谷，现在就让我来试一试！"这样，你的自主性就会被调动，沿着它走下去，就是一片崭新的天地。相信你会成为自己情绪的主人。

第三，学会转移情绪

在众多调整情绪的方法中，你可以先学一下心理学家倡导的"情绪转移法"，即暂时避开不良刺激，把注意力投入到另一项活动中，以减轻不良情绪对自己的冲击。

上述方法可以不同程度地帮助你调整不良情绪，但方法总归是方法，作为营销人员要记住的是，你的信心和热忱是很重要的。或许，垂头丧气比打起精神来得容易，但这样你想拿到订单就比较难。没有了信心和热忱，一系列的不利后果都会在不知不觉中产生，你将会看着许多的订单与你告别。

小订单不愿做，大订单拿不来

一些营销人员不屑于拿小订单，只渴望拿到大订单，这是一种急功近利的心态。认为拿到小额订单相当于没有订单，只能拿到少得可怜的佣金或提成，这是一种完全错误的想法。

一个优秀的营销人员会看重来自客户的每一笔交易，无论是大订单还是小订单，都会视为一笔财富。实际上，比起你获得大额订单的机会来说，拿小单的机会往往更多，也会更稳定。若是一味地追求大订单，到头来可能会"竹篮子打水一场空"，什么订单也得不到。

一天，在一家工艺品厂上班的小王接到客户的电话。客户在电话里说："您好，是生产××工艺品的厂家吧？"

小王马上说："是，是呀。请问有什么需要我帮忙吗？"

客户说："我是一个小个体户，昨天我在网上看到了你们厂的××工艺品壶，觉得很新颖独特，所以想先订购两个试销一下，好卖再多订。"

小王说："只需要两个？那太不好意思了，我们这里只批发，不零售，起批最低也得是10个。"

客户那边说："我是想先试销一下，如果好的话，我会大量批发的。因为是第一次，所以先买两个。"

小王又说："真的不行，我们厂是有规定的，我不能破这个例呀！"

客户有气无力地说："那就算了吧！"

就这样，小王把白白送上门的生意给放跑了。

小王所犯的低级错误就在于，认为两个壶的订单太小了，不值得签，从而放弃了与客户的交易。其实，别看小订单微不足道，不

起眼的小订单积少成多,自然就变成了利润丰厚的大订单。如果这个小订单若成交,客户试用后认为满意,说不定会给小王带来更大的一笔生意。

对于营销人员来说,拿到订单意义非凡。无论是大订单,还是小订单,都是要付出艰辛和汗水的。订单所带来的除了成功的喜悦之外,还肯定了你的努力和成绩。因此,不管大订单、小订单,营销人员都要欣然接受。只有努力做到争取大订单,不放弃小订单,并想办法让小订单变成大订单,才会离成功越来越近。

怎样运用技巧争取到更多的小订单,带来出色的业绩呢?大家不妨试试以下两种方法。

第一,让小订单吸引大客户

别看小订单的量小,但其背景是不容忽视的。小订单可能来自小公司,但也可能来自大公司。如电视购物或网上购物,或者像来源于大公司新产品开发的需要等。虽然小公司的订货是主角,但涉及大公司的上述两种情况也是不可排除的。

因此,一定要重视那些小订单。有时看来是小订单,其实是个大客户。大客户是你自己培养起来的,有很多客户就是通过小订单考察你的诚信度,看能否与你做大订单。

第二,不为小订单设限,让小订单变成大机会

小订单就像喷出的火山岩浆,一点点也是炽热的,谁也不能确定它冷却后是什么样子。小订单背后隐藏的东西其实有很多,可是有不少营销企业嫌小订单麻烦,往往对之加以限制,或者规定最低

订货量，或者在付款方式上有特别要求。企业这样做，当然有其自身的考虑，但是考虑眼前利益的同时，必须着眼将来，审视一下小订单的发展潜力，说不定能从中发现大的机会。

因过去的成功而骄傲自满

营销人员在达到一定的高度之后，往往会遭遇到瓶颈期。之所以会产生这样的现象，就是因为这些营销人员在取得了一定的成功之后，内心不免会有些骄傲自满。这种骄傲自满的情绪，可以说是营销人员最不应该犯的一种低级错误。

不管是业绩已经高人一等，还是业绩毫无起色的营销人员，要取得更好的成绩，都必须摒弃骄傲自满的心理，永远都不要被已取得的成绩束缚，给自我发展搁置绊脚石。营销人员应该永远向更高的目标迈进，否则便不可能取得优异的业绩。

> 刘晔是全公司业绩最好的营销人员，同事吴明对他极为佩服。吴明在工作中刻意接近刘晔，希望可以从刘晔那里"偷到真经"。
>
> 在一个星期的时间里，刘晔带着吴明拜访了很多客户，有对老客户的回访，也有对新客户的初访。每天吃完午饭后，刘晔便和吴明就近找个书店，去翻阅有关营销方面的书。吴明很不以为然，他认为：刘晔已经很出色了，完全没有必要这么拼命学习。
>
> 有一天，吴明忍不住问刘晔："刘哥，你的业绩已经这

避免营销中的低级错误

么出色了,光是那些定期上门来的老客户,也能让你即使天天在家坐着也有钱赚啊,何必那么拼命?要是我,坐着吃就行了。"

刘晔严肃地说:"你这样想就错了,任何成绩都只是暂时的。'人无远虑,必有近忧',如果我们只懂得躺在过去的功劳簿上,认为自己已经无须再努力,那怎么能进步?要想在营销行业中有一席之地,就必须要用危机感来鞭策自己不断地前进。"

像刘晔这样有进取心而又不骄傲自满的营销人员,一定可以获得最后的成功。但事实上,许多营销人员在获得了一些成功之后,便骄傲自满,以至于相信自己已经完全参透了营销工作的所有细则。可实际上并非如此,他们被过去的老主顾们惠顾着,不再创新,成了订单接收员。他们开始满足于眼前所谓的"成就",早日的勤奋也被丢在了一边,取而代之的是日日笙箫的"幸福生活"。但是他们却不知道,此刻的自己正在为骄傲自满的心理付出人生的代价。

如果你是一个营销人员,也陷入自满的情绪当中,那么以下几种方法,或许可以帮助你走出这种不利的情绪。

第一,随时检视自己的心态

改变自满心态,甚至比改变畏惧与自卑心态更为困难,这涉及自我认识的困难。当一个人处于困境时,内外压力很容易使人下决心主动改变。而自满心态的形成,好比处在慢慢升温的水中的青蛙,到发现不对劲时,它却无力跳出。故而,要想不被这种心态牵绊住,就一定要随时检视自己的心态，要有"吾日三省吾身"的觉悟。

第二，不断寻找下一级目标

趁着自己心态平和的时候，营销人员应该做到的，一是找个营销前辈作为自己的前进目标，有了竞争的对象，就不会掉入孤芳自赏的陷阱；二是在心里树起客户是衣食父母的大旗，每次见客户前，都在脑海中默默挥舞一番。就算见面时被拒绝，你也当做没有能帮到他而感到遗憾。

第三，自我教育

一点点小成就，虽然可以让营销人员享受到成功的喜悦，但是千万不能让自己满足。在市场飞速发展的今天，如果你不求发展，就只有"关门大吉"的份儿了。营销人员要不断地进行自我教育，参加各种研讨会，阅读专业书籍，使自己成为所在行业的先锋。人越无知越觉得自己了不起，越充实自己越能看到自己的不足。所以，不断地进行自我教育，可以让一个营销人员远离自满情绪。

第四，用勤奋来武装自己

营销人员需要不断地开发新客户，而不断地开发新客户，需要的就是一种持之以恒的精神。有些时候，拜访客户并不一定是为了营销，主要目的是让客户感觉到营销人员和企业对他的关心，同时也向客户表明企业对产品负责的决心。营销人员如果能抱着这样的目的去拜访客户，那么，他就会在勤奋中防止自满情绪的产生。

总而言之，骄傲的营销人员，最终将难以获得真正的成功。人

们常说:"谦虚使人进步,骄傲使人落后。"这本是一个再浅显不过的道理,但有许多营销人员,恰恰容易犯下这样的低级错误。如果一味地沉浸在过去成功的经验中难以自拔,或因为自己以往的辉煌而孤芳自赏,就会过度迷信自己,不屑于学习新东西,患上一种骄傲的"自闭症",并过多地以传统经验来抗衡对新知识的吸收。

因此,营销人员不要因为过去的成功而骄傲自满,而只有抛弃自满,才是营销人员的成功之道。

缺乏进取之心,不够积极主动

拿破仑曾说:"不想当将军的士兵不是好士兵。"这句话如果放在营销人员的身上,就应该说:"不想当老板赚大钱的营销人员不是好的营销人员。"事实也确实如此,一个营销人员成功的概率,往往与其"野心"的大小成正比。

欲望是引发一切的动力之源,一个在内心深处不想做出更好业绩的营销人员,永远不能创造出比他现在更好的业绩。

有些营销人员的工作目的,不过是为了暂时有口饭吃罢了,总想着能应付过去就行,能偷懒就偷懒,能逃避就逃避。试问,用这样的态度去对待工作,怎么能有激情?怎么能全心全意地投入工作?抱有这种心态的营销人员,自然是难以成功的。

有相当一部分营销人员认为:公司是老板的,我不过是个打工的罢了,有什么好处都让老板得了,工作干得再出色,产品营销得再多,得到好处最多的还是老板。因此,这样的营销人员工作起来像一台机器一样缺乏活力，按部就班，漫不经心，没有热情，做什么事情都不全力以赴。其结果是，工作多年，依旧业绩平平，得不到老板的器重，更与成功无缘。

还有的营销人员缺乏责任心，认为自己仅仅是公司的雇员，所以不愿意承担自己的责任。他们认为：做好做坏，是否能取得成绩，都是公司的事情，与自己无关。这种思想其实是把自己人生的成功寄托在别人身上，持这样的态度工作，自然不会积极主动地投入到工作中去。对于这些人来讲，最大的错误就是认为自己是为别人工作，而不是为自己工作。

这些营销人员之所以缺乏进取心，消极被动，归根结底，就是因为他们没有极强的成功欲和企图心。

有一个公司在招聘营销人员的时候，经常会考虑这样一个问题："你为什么要做营销人员？"对于这个简单的问题，大部分应聘者都回答："我喜欢这个有挑战性的工作。"也有一部分应聘者说："为了实现自己的理想。"但是有些应聘者会很直白地说："我是为了赚到足够多的钱。"或者是"为了以后自己当老板、开公司。"

结果，那些言辞冠冕堂皇的人全部没能得到这份工作，而直接表达了自己欲望的那些人则被录用了。

诚然，"为了赚钱"这样的说法似乎有点俗气，"为了以后自己当老板、开公司"的说法有些狂妄，说这类话的应聘者之所以被录

避免营销中的低级错误

用,就是因为招聘者能够从这些回答中,看到应聘者所拥有的强烈的企图心,而那些落选的应聘者就是因为太"安分守己"了。显然,没有足够的欲望,怎么会有足够的动力去追求自己想要的东西?

一个优秀的营销人员之所以能取得很好的业绩,就是因为他对获得成功有永不满足的欲望。这种强烈的情感,会让他在面对困难的时候,拥有一颗永不言败的决心。即使是一次次遭到拒绝,他们也绝不会退缩。正是这种积极主动的心态,帮助他们最终成就了一番事业。

据一份有关资料统计,80%的成功企业家都是营销人员出身。如香港巨富李嘉诚、金利来创始人曾宪梓、正泰电气创始人南存辉、台塑集团创办人王永庆等很多成功企业家,他们都是从营销人员起步,最终走向成功的。如果给这些营销人员中的佼佼者找一个共同点的话,那就是他们都有非凡的野心。

强烈的企图心就是野心,从某种意义上可以说就是贪婪,就是永不满足,永远向前。对于营销人员而言,人的贪婪天性能传递无穷的动力,使自己不断地跨越障碍,创造营销奇迹。

一个成功欲极强的营销人员,在遭到客户拒绝、没有达成交易的时候,对成功的渴望会使他迅速从负面情绪中走出来,找出被客户拒绝的原因,进行自我调整,使自己不再犯同样的错误,从而柳暗花明,使营销业绩步步提高。

> 有这样一个营销人员,在连续两个月的时间里营销业绩不断地下降。于是,他被经理叫去谈话。

经理说："你的工作是怎么干的，怎么连续两个月业绩下滑？你要清楚，这可是营销旺季呀！"

营销人员说："经理，这可不怪我，今年大环境不好，整个市场都处于疲软状态。"

经理说："那人家小王的业绩怎么一直那么好呢？"

营销人员说："小王业绩是好，那是因为他表哥介绍了两个大客户给他，要不然他还不如我呢。"

经理耐心地开导说："搞营销工作都有困难，重要的是怎样去应对。不要总是从客观上找原因、找借口，就像你这样消极被动、不思进取、只会找借口、不会找方法的话，是干不好工作的！"

听了老板的话后，这个营销人员惭愧地低下了头。

上面的那个营销人员尽管为自己的错误寻找种种借口，但我们可以断定，他之所以在工作中毫无建树，就是因为他缺少对成功的欲望，在工作中毫无进取心。一个拥有成功欲和进取心的营销人员，任何外部条件都不是他们失败的借口。

去掉畏难、逃避心理，努力去做，这样才能取得成功。要想做到这些，就必须具备以下几种心态。

第一，表现自己的野心

营销人员不能把自己的工作当成一份养家糊口的职业，而是应该把它作为自己的一项事业，当成展示自我价值的舞台。只要能够

全力以赴地去做，就一定可以取得意想不到的成功。

第二，以老板的心态工作

任何人对自己的事情都是最用心的。营销人员只有把自己当成老板，才不会产生偷懒的想法和懈怠的心理，才不会满足已取得的成绩，工作起来才会热情高涨，全力以赴。

如果营销人员不能以老板的心态对待自己的工作，不像老板那样去思考、去行动，很可能会使自己的营销行为偏离方向，更别提创造良好的营销业绩了。当营销人员以老板的心态毫无保留地发挥自己的才能去努力工作时，营销业绩就会飞快地得到提升。

第三，自我经营的态度

任何一项事业，都需要苦心经营，艰辛付出。这不仅仅是营销的秘诀，也是塑造成功人生的真理。

对于一个人来讲，生命就是最大的事业，所以在你的生活中，需要时时刻刻都充满激情，积极主动地面对任何事情。为此，作为一个营销人员，从今天开始，你就要提起精神，强化你的成功欲望，积极主动地去工作。这样的话，面对每一次可能获得订单的机会，你都会成功把握，实现营销目标。

陷入思维定式，观念受到局限

在营销领域，过分地依赖经验可能会误导营销判断，而判断失误则是营销工作的最大敌人。所以,营销人员要绝对避免犯定式思维的错误。

我们常说经验是营销人员最大的资本,这本来是没有错的。但是,如果营销人员被经验束缚了创新意识和变通思想,那么,这样的经验就成为了制造定式思维的魔鬼。对于一个营销人员来讲,假如一种方法用了一百次连续有效,他就会将这种方式一直沿用下去。在这种情况下,思维定式就产生了。思维定式一旦形成,就失去了寻找更好、更简单的方法的动力。如果一个营销人员凡事不求变通,就会陷入局限性思维的怪圈中。

> 一位世界级的营销大师曾经向他的弟子们讲过这样一件事:"有个聋哑人到商店里去买钉子。他一手假装拿着钉子,另一手假装拿着锤子,并在售货员面前做出一副捶打钉子的模样。售货员拿出了一把锤子放在他面前,聋哑人见后使劲儿地摇了摇头。售货员稍愣了一下,随后又去拿了些钉子递给他,聋哑人这才满意地买下。"
>
> 这时,营销大师问道:"聋哑人走后,又进来一位盲人想要买剪刀,现在你们想想看,盲人会用什么简便办法去买这把剪刀呢?"
>
> 弟子们一齐脱口而出:"这个简单,只要用食指和中指做剪刀状就可以了。"
>
> 营销大师笑了笑说:"你们都错了,这个盲人只需要开口说话,就可以买到剪刀了。又何必用手比画呢?切记,不

要让自己的思维进入死角！否则，就会失去正常的思维方式。"

营销大师的话值得每一个营销人员牢记。营销策划是思维的产物，在营销活动的领域，即使是曾经把一个小企业从几千万做到几十个亿的营销团队，如果他们陷入这局限性思维的怪圈中，也不免会失败。

营销工作本身是一个创造性的工作，它不像工厂里的流水线，只要用一种方法就可以源源不断地生产出产品。营销工作要面对形形色色的客户，任何一种所谓"有效"的方法，在面对性格不同、背景不同、受教育程度不同的客户时，也不能说万无一失。所以，营销人员绝对不能犯定式思维这种低级错误，要在不断变通和创新中提高自己的能力。

无数类似的事实使我们可以预见：思维僵化、套路单一的营销手段，最终必然会失败。而一个走入定式思维的营销者，永远不可能成为真正有创新能力的企业家。

一个营销人员，要想摆脱经验束缚和观念僵化的限制，就必须做到以下几点。

第一，突破书本定式

有位拳师，熟读拳法，与人谈论拳术滔滔不绝，拳师打人，也确实战无不胜，可他就是打不过自己的老婆。拳师的老婆是一位不知拳法为何物的家庭妇女，但每每打起来，总能将拳师打得抱头鼠窜。

有人问拳师："您的功夫都到哪儿去了？"

拳师恨恨地道："这个死婆娘，每次与我打架，总不按路数进招，害得我的拳法都没有用场！"

拳师精通拳术，战无不胜，可碰到不按套路进攻的老婆时，却一筹莫展。

"熟读拳法"是好事，但拳法是死的，如果盲目运用书本知识，一切从书本出发，以书本为纲，脱离实际，这种由书本知识形成的思维定式反而使拳师遭到失败。

"知识就是力量"，但如果是死读书，只限于从教科书的观点和立场出发去观察问题，不仅不能给人以力量，反而会抹杀我们的创新能力。所以学习知识的同时，应保持思想的灵活性，注重学习基本原理而不是死记一些规则，这样知识才会有用。

第二，突破经验定式

怎样才能突破经验定式呢？要有"初生牛犊不怕虎"的精神。初生的牛犊之所以不怕虎，是因为不知老虎为何物，在它脑中没有"老虎会吃人"的经验定式。因此见了老虎，敢于本能地用牛角去顶，而这时，带上"牛见了我会逃跑"思维定式的老虎，反倒不知所措，于是落荒而逃。

在科学史上有着重大突破的人，几乎都不是当时的名家，而是学问不多、经验不足的年轻人，因为他们的大脑拥有无限的想象力

和创造力,什么都敢想,什么都敢做。

第三,突破视角定式

在窘迫的处境下,只要冷静思考,改变角度,必能发现一种潜能,那就是创造的意志。引爆这个潜能,便可产生创意。不过,假如你被庸俗陈腐的观念所束缚,那么你当然就没有一个有效的解决办法了。只要你能改变观察目标的角度,必定可以发现许多看上去是异想天开,而实际上却是可以实现的方法。

法国著名歌唱家玛迪梅普莱有一个美丽的私人林园,每到周末总会有人到她的林园摘花、拾蘑菇、野营、野餐,弄得林园一片狼藉,肮脏不堪。管家让人围上篱笆,竖上"私人园林禁止入内"的木牌,均无济于事。玛迪梅普莱得知后,在路口立了一些大牌子,上面醒目写着:"请注意!如果在林中被毒蛇咬伤,最近的医院距此50千米,驾车约一小时即可到达。"从此,再也没有人闯入她的林园。

这就是变换视角,变堵塞为疏导,果然轻而易举地达到目的。

第四,突破方向定式

英国讽刺戏剧作家萧伯纳长得很瘦,一次他参加一个宴会,一位"大腹便便"的资本家挖苦他:"萧伯纳先生,一见到您,我就知道世界上正在闹饥荒!"萧伯纳不仅不生气,反而笑着说:"哦,先生,我一见到你,就知道闹饥荒的原因了。"

"司马光砸缸"的故事也说明了同样的道理。常规的救人方法是从水缸上将人拉出,即让人离开水。而司马光急中生智,用石砸缸,使水流出缸中,即水离开人,这就是逆向思维。

逆向思想就是将自然现象、物理变化、化学变化进行反向思考,如此往往能出现创新。

第五,突破维度定式

在一块土地上种四棵树,怎样使它们之间的距离都相等?

答案是将其中一棵树种在山顶上。

很多人找不到答案的原因是习惯于平面思维,没有建立立体空间思维的习惯,而现代化大都市的交通都是立体思维的产物。

认识对象、研究问题要多角度、多方位、多层次、多学科、多手段考虑。而不只限于一个方面,一个答案。

只有不断突破思维定式、超越自我,人生才会更精彩。

第六,随时变化自己的视觉

有一只螃蟹住在小河边,没事的时候老喜欢在洞门口看天。最近几天经常下雨,每次雨后,螃蟹出来的时候总能看见天边有一道彩虹。第一次看到彩虹的时候,螃蟹非常惊奇,

它觉得太美丽了。第二次看到彩虹的时候，螃蟹很想拥有一条彩虹。渐渐地看多了，螃蟹就认为是它对彩虹的喜欢感动了上天，所以，每天彩虹都出来陪它。

螃蟹把自己得意的想法告诉了小虾，小虾可不太相信螃蟹的说法，因为小虾从来没见过彩虹。螃蟹见小虾不相信，就叫小虾一起去看彩虹，为了表示自己的说法正确，螃蟹还特别请了鱼儿作证。最后螃蟹决定找个天气好的日子和小虾一起去见证彩虹。

这天风和日丽，螃蟹带着鱼和小虾一起在洞口等待彩虹的出现，可眼看太阳都要落山了，彩虹却一直未露脸，焦急的小虾有些等不及了，可螃蟹却安慰到："我以前天天看到，你放心吧，一定会出现的，今天可能时间还没到！"

可直到最后，彩虹仍然没有出现，大家只好失望而归。

彩虹总是出现在风雨后，螃蟹似乎并不明白这个道理，总觉得彩虹会一直出现在天边。生活中，经常有人和螃蟹一样，并不知道事情的由来，就得出结论，而且往往很有信心地坚持自己的看法，这样的定势思维常常会带来一些问题。职场中必须学会随时变化个人视觉以取得真正的认可。

变化自己的视觉，首先要培养积极的心态，勇于正视自己和他人。一般来说，人们容易看到自己的优点，把功劳归于自己；看到别人的往往是缺点，把过错推诿于他人。这是一种心理学现象，我们应该在自己的不断成长和进步中克服它。

只要能做到以上几点，就可以帮助你打开思路，拓宽渠道。这个世界每天都在发生着天翻地覆的变化，消费市场更是变幻莫测，因此营销活动绝对是一种思维的巅峰对决。如果你一味地凭经验去判断，肯定会付出惨重的代价。如果不想失败，那么就请你抛开定式思维的低级错误，用创造性思维而不是经验去策划。

第二章 营销策略偏差

战略是一种思想,一种思维方法,也是一种分析工具和一种规划。错误的营销策略,就好比在一条错误的路线下行走,即使是辛苦地奔跑,也无法达到成功的彼岸。

营销目标不明确

在现实营销活动中,很多营销人员因为没有工作方向,不做市场细分、客户分类、营销定位,像一只无头苍蝇撞来撞去,偶尔小有收获,但到头来也只是两手空空。这些人因营销目标不明确,缺乏良好的营销计划,因为材料、零件的购置数量、购置时间不准确,导致材料购备时间的延长,造成交货期的延长,给营销工作造成不必要的损失。这是一个不容忽视的低级错误。因此,营销工作一定要有计划才能够将工作系统化、科学化,这样才能使工作安排得合理,充分地利用时间、充分地调动资源、充分地授权。

对于营销工作而言,它的目的就在于交易成功。成交是营销人员的根本目标,这是公认的。但是,如果一个营销团队或者营销人员,不能根据自己的实际情况制定明确的营销目标,那么,整个营销活动必将失败。

小孙是一家洁具公司的营销人员,他工作努力,能力较强,但是业绩始终一般。为了弄明白其中的原因,小孙去请教公司的营销经理。

小孙对营销经理说:"我在工作中投入的时间和精力不比别人少,而且我自认为能力也还行,为什么我的业绩却总是得不到提升呢?"

营销经理听后反问小孙:"你今年的营销目标是什么?"

小孙茫然地说:"这个,我倒没有考虑。"

经理又问:"那你这个月准备完成多少业绩?"

小孙回答说:"我尽量努力去做吧,但是具体的数字我还没有算过。"

经理接着问:"那么明天呢?明天你打算干什么,是拜访新客户,还是回访老客户,或是有其他的安排?"

小孙很难为情地说:"我准备视情况而定。实际上,我根本就没有计划,我认为变化比计划更多。"

营销经理听小孙这么讲,笑着说:"变化当然是存在的,但是如果你能在制订计划的时候,明确自己的目标,不管到时候情况如何变化,你都以实现目标为最终所要实现的目的。这样一来,不管情况如何变化,都不能影响你的业绩了。"

小孙听了营销经理的这番话后,很有感触,他说:"经理,我明白了,我现在之所以不能有好的业绩,就是因为没有明确的目标,所以才会常常不知道自己的方向。有了一点成就的时候我就会松懈,遇到困难的时候我会停滞不前。如果我能确立了自己的目标,那么就能克服我的这些不足,业绩自

避免营销中的低级错误

然会上去的。"

营销经理满意地笑了。

其实,很多营销人员也犯有和小孙相同的错误,自认为工作顺利便松懈下来,而遇到困难后又停滞不前,这都是因为目标不明确或是不合理而导致的。

其实,所谓目标,就是我们内心对一项工作完成时所预期效果的描绘。营销人员在指定目标的时候,既不可妄自菲薄,给自己一个毫无难度的目标;也不可妄自尊大,给自己一个不可能实现的目标。只有符合自己实际情况的目标,才是"明确的目标"。

有一句名言说得好:"商场如战场。"营销人员做好营销工作,就如同带兵打仗,出发前就要有明确的目的性,要有很好的规划。没有目标就如同手持良弓,却不知箭该射向何处。

如果你只是在纸上写"想赚很多钱"或"想发财"、"我想成功"这类话是不合适的,因为不够具体。如果你写"想挣10万元",这样也不详细。因为你还需要明确你想什么时间得到10万元,比如你想在一年之内挣到。要达到这一目标,你就需要每月挣8333元,即每周1923元。假如你每笔生意的平均金额是1940元,而你的提成是10%,即你每次可挣194元。那么,你要达到一年10万元的目标,就需要每周做成10笔买卖。

在制定了目标之后,我们就应该竭尽全力地去实现它。当然,我们也不能无视现实情况的不可预测性,过分地执著于既定目标。如果外界条件发生了根本性变化,以致对实现既定目标产生重要影响,我们也不妨变通一下,适时调整。

在迈向目标的过程中，你应当监督自己的行动，总结自己的成绩，这样才能激励自己，取得更好的成绩。同时，还需要经常检查你的计划，定期更新你的目标。如果工作进展速度超过了预期目标的要求，那也不要松懈或停下来。相反，一方面，应当更新目标，制定更高的但必须是能达到的目标。另一方面，如果工作进展速度落后于目标要求，你已无法实现，也不要放弃。这时，就应当检查和调整目标，使它更现实一些，然后集中精力去完成它。

总之，营销人员应该学会制定明确的目标，如果实际情况发生变化时，也要做出基于目标要求和现实考量的调整，这样就能稳定从容地提高自己的业绩。

不做营销计划

很多营销人员总是目标一大堆，却从来不做包括活动、会晤诸项内容的营销计划。他们认为做计划既费事又没有成效，只是凭自己的需要随机地做事情。这种不做任何计划的营销工作，是不能持久的。

营销人员处在市场经济中，而市场经济使每个人都有可能成为自己人力资本的主宰，为什么我们被动地让外界环境来影响、决定我们的职业生涯呢？市场经济社会是一个充满机遇的社会，如何才能抓住机遇呢？市场经济社会又是一个充满竞争的社会，如何才能够保持领先的位置呢？市场经济社会也是一个很难有终身职业的社会，如何才能拥有终身职业呢？

如果营销人员希望能够抓住时代的机遇，获得终身职业，做自

己人力资本的主宰，就必须树立长远的目标，以及制订出朝这目标迈步的可行性计划。

可以说，制订计划是实现远大发展目标的前提。若没有完善的营销计划，营销工作就如同一盘散沙，没有目标，没有方向感，做事就会敷衍了事，临时凑合，也就没有责任感，更谈不上什么坚强毅力、斗志昂扬了。

因此，营销人员必须做到长计划、细步骤、精安排，要分析自己的现状，给自己设立一个有挑战性的职业目标，找到不足，弥补差距，发掘自己的潜能，实现自己的营销梦想。

有人请教著名营销大师多尔弗先生，问他是怎样成为汽车行业最顶尖的营销人员的。多尔弗回答说："因为我会给自己定下远大的目标，并且有切实可行的实施方案。"记住这句话，是"定下远大的目标"，而不是过多的没有目标的目标，而且更为重要的是，要"有切实可行的实施方案"。做事讲方法，行动讲效率，这是所有营销人员的信条。没有计划的营销人员，只会永远被工作撵着走。

小陈刚开始做营销时，和大多数营销人员一样，对未来怀有美好的憧憬。为了尽快地提高营销业绩，他给自己做了规定，每天必须跑完多少个客户，每个月必须达到多少营销指标，每个季度要完成多少营销额等。如果完不成，就不吃饭、不睡觉、不消费。

最初，小陈还能坚持下去，比如拜访的客户时间长了，一天内没有拜访完限量的目标，他就摸黑赶路，晚上也要与客户交流。随着任务量的逐渐增多，小陈有点吃不消了，不是因前一天跑客户差点跑断了腿，导致第二天疲惫不堪、虚弱无力，就是被庞大的营销额搞得头昏脑涨。

就这样，小陈一边不辞辛苦地进行跑路这项体力劳动，一边不忘统计营销业绩这个脑力劳动。时间长了，由于没有完善的营销计划，加上他给自己限定的目标太多，当初一个又一个被选定要完成的目标，最终只能无奈地放弃了。

像小陈一样，一些营销人员总是抱有过多的目标，想着这个月、这半年内要拿到多少订单，一天内要拜访几个客户，却想不出办法如何实现这个目标，往往在还没有为目标努力之前，就被庞大的数字和任务压倒，最终不得不放弃或缩小目标。如果树立了营销目标，再加上可行的营销计划，就会起到事半功倍的效果。

作为一个营销人员，必须正确看待自己的目标，确定自己的营销计划。如何去做，怎样完成等问题，必须有战略和战术上的安排。要根据市场上的各种因素来制订营销计划，并按照计划去认真地执行，根据执行情况及时调整、修正，以确保目标任务的顺利完成。

其实，大多数营销人员也明白计划的重要性，却始终不愿意在制订计划上花时间和精力，认为制订计划是一件太复杂的事情。通常要制订一个完备的计划可能要花掉几天的时间，而且在营销过程中，计划的好处可能又不能直接显现出来。所以，这些营销人员总是觉得制订计划浪费时间，付出的辛苦不一定会和成功成正比，于是放弃了制订计划这一步骤。这个想法和做法，看上去好像是在节省时间和精力，好像可以腾出更多的时间去向客户营销，提高成交率，事实上，这正是把时间和精力浪费在无意义的工作中。

这种想法委实不可取,既已明白了计划的重要性,我们就应拿出一些时间和精力,来编定一份可行的营销计划。

通常来说,计划复杂的营销活动可能要花几个星期,但多数类型的营销活动一旦确定访问目标后,只要营销人员找出下列几个问题的答案,很快就可以完成访问计划了。当你有了这些问题的答案时,就可以在制订计划时根据客户的特点做好相应的准备工作了。

这些问题是:"所营销的产品或服务对这位客户有什么利益?""什么营销方法最令客户感兴趣、心悦诚服?""可能遇到什么障碍、阻力?客户可能隐瞒了什么话?最佳处理的方法是什么?""时机来临时,有没有准备好三四个问题来结束访问?"等。

一般计划的主要内容是:未来几天的日程安排,未来几天的客户安排,要准备哪些材料,怎样挖掘潜在的客户和短期的营销目标。

另外在必要时,还要制定营销进度表。营销进度表一般有以下几个内容:简短的内容提要,营销的任务目标和实际完成情况。营销进度表以周为单位,每周制定一次。

完善的营销计划分为两种,即为营销而制订的作战计划和提供给客户作为参考的计划。

做第一种计划时,首先要设定目标,确立营销观。确定营销观念或信条,而且要使其具体化,将总目标分解细化,使其成为指导各部分业务工作的方针和努力的方向。

其次要进行预测。不管营销人员的主观意向如何,实际上是被客观环境所制约的。如果忽略了对客观环境的预测分析,营销计划则只是沙上建塔,空中造楼。

最后,对营销计划进行整体设想。营销计划是根据营销人员主观意向和所处的客观环境而确定的，为了实现营销目标，必须突破客观环境的限制。为此，必须有一个决定用何种手段和如何实现营销目标的计划体系。

第二种计划产生的作用非常大，若是这种计划制订得很好，可以说营销就成功了一半。在制订营销计划时，总要考虑到以下两种情况，一个是营销中所具有的共同点，另一个就是因营销对象不同可能出现的各种情况。

根据不同的营销对象，营销人员需要亲自编写相应的文件。在编写时，要以公司印发的产品手册为基础，进行反复研究、设想。假如自己是客户，将会怎样想，应该为客户提供什么样的最佳参考计划，这样就能做到因人而异，量身定做。

当客户是某家公司时，就要以这家公司的产品手册为参考，依照这家公司的规模来编写计划。无论对方拥有一百名还是一千名职工，无论对方的财会人员怎样反复审查、研究营销人员提供的计划书，都使其感到的确编得非常好。要制订出具有如此效力的计划来，要求营销人员有必要进行一番有关财经知识的学习。

当客户认为编制的计划切实可行时，营销人员可以从这家公司具体负责此项工作的职员角度，来考虑、制定一份供其在公司内部讨论时使用的会议草案、提案。营销人员如果把计划订得非常细致，一旦第一次营销获得成功，第二次只需在计划书上加入客户的姓名、出生年月日和职务级别等即可。

编写合情合理并能使客户同意的计划，是营销的要点。只要依靠独创精神，无论什么样的营销计划都能制订出来。另外，客户常常希望得知签订合同与不签订合同之间的区别，两者到底有什么利

害得失。因此，编制一份囊括这两种情况的比较分析表也是必要的。

制订计划是实现远大的发展目标的前提。营销人员在执行营销计划书时，必须要以严谨的态度对自己的计划负责，定期评估并随时督促自己，尽全力来控制计划的进度，以实现营销计划的目标。只有这样，才能真正地搞好营销工作。

品牌意识不强

所谓品牌意识就是指一个企业对品牌和品牌建设的基本理念，它是一个企业的品牌价值观、品牌资源观、品牌权益观、品牌竞争观、品牌发展观、品牌战略观和品牌建设观的综合反映。林恩·阿普认为，当一个企业非常清楚地知道"他的企业、他的产品和所提供的服务在市场上、在消费者中间的影响力，以及这种影响力所造成的认知度、忠诚度和联想度，并能够采取适当的战略将品牌融入消费者和潜在消费者的生活过程"时，他也就在一定的意义上培育了自己的品牌意识。

在现代经济中，品牌是战略性资产和核心竞争力的重要源泉之一，品牌意识是企业对其产品自觉维护并创成名牌的意识。品牌意识为企业制定品牌战略铸就、强势品牌提供了坚实的理性基础，成为现代经济竞争中引领企业制胜的战略性意识。

如何增强品牌意识并永葆品牌的青春？这是众多的企业界人士和营销专家们共同关注的问题。

第一，精准定位

国内企业喜之郎果冻以"果冻布丁，喜之郎"的广告词占据消费者心里最重要的位置，成为本行业的代名词。其实喜之郎并非最早进入果冻行业的企业，但它把整个行业的"儿童食品"定位彻底打破，定位为大众食品，通过精准的广告传播培育了一个巨大的市场。

如果一个公司将自己的品牌变成一个行业的代名词，那么这个公司将取得巨大的成功。其实寻找到代表这个公司或行业的词汇很简单，就像喜之郎的广告词一样通俗易懂。但要建立和改变消费者对一个行业的心智模式，并非易事。这需要企业对整个行业情况和市场细分的深入研究，以及和强烈的品牌意识和信心。

第二，持续创新

在箭牌公司，一直秉承创始人小威廉·莱格利创业时期的传统：箭牌处事低调，不与任何媒体接触，关于其公司的正式报道向来少有；企业百年来更是一直保持零负债。但对于产品和品牌的创新，箭牌却从未止步。箭牌不断地向市场发出挑战，而它又把谁作为挑战的主要对手呢？答案是箭牌自己。

箭牌常把自己作为对手研究，并老是千方百计地想打败自己。针对箭牌口香糖含糖多的特点，箭牌公司专门研制出了"益达"木糖醇无糖口香糖；而针对绿箭薄荷清凉的特点，"劲浪"则以超凉的概念推出市场。两个不带"箭"字

号的产品率先向"箭"牌口香糖处处发难。

这本来应该可以成为竞争对手挑战它们的"卖点",以此来撼动其市场领导地位。但机会却被它们牢牢地把握在自己的手里,把对手远远地甩在自己的后面。

第三,建立壁垒

作为休闲食品的洽洽,把品牌的情感诉求运用地恰到好处,而没有拘泥于产品的功能性诉求,从而建立自身品牌知名度、忠诚度和市场的竞争壁垒。

洽洽一直围绕着"快乐的味道"为传播主题,进行媒体广告和栏目合作,传播生活中的点滴快乐,突出体现了家庭团聚、年轻朋友之间的快乐生活方式,向消费者传递着快乐的味道。有了快乐的品牌定位,洽洽的广告策略就有了强烈的针对性:在最恰当的时间,选择最恰当的媒体,让最合适的目标消费者收看。而要完成这一策略,中央台广告是洽洽的第一选择。于是,洽洽的快乐文化,通过中央电视台的强大电波,传遍了大江南北。

第四,终端铺市

"过程做得好,结果自然好。营销是有因有果的行为。"著名的消费品企业,如可口可乐、康师傅、箭牌公司等都对铺货非常重视。箭牌公司所有的营销人员先培训,再实习,同时需要掌握铺货具体技巧,然后给每人划分区域展开工作,整个公司还搜集了庞大的典型题库帮助营销人员解决铺货过程遇到的问题。大至大型超市,小到个体商店，箭牌公司的铺货都面面俱到，甚至连巷子里的小卖部每天卖了多少个口香糖，营销人员都要进行仔细登记。

一个品牌的成功，不仅需要好的产品做基础，还需要高瞻远瞩的品牌战略和良好的执行，企业的创新能力也是至关重要的。打造属于你自己的第一品牌，你做好准备了吗？

缺乏开拓精神

在营销活动中，无论是自己还是他人的成功经验，都是十分宝贵的，都值得营销人员借鉴。但是，如果为了求稳，一味地依赖于过去成功的经验，不愿意在新的领域开拓，那么将会逐渐走上下坡路。

具有一定冒险意义的开拓精神，是成功者的秘诀之一。将开拓精神运用得当，能使自己受益无穷，运用不当或不敢用，只会使自己故步自封，无所发展，甚至被人吞并。不怕一万，就怕万一，凡事三思而后行，谋定而后动是没错的。但你要知道，无论你策划得多么周详，风险总是存在的。

> 一天，有个人问一个农夫他是不是种了麦子。农夫回答："没有，我担心天不下雨。"那个人又问："那你种棉花了吗？"农夫说："没有，我担心虫子吃了棉花。"于是那个人又问："那你种了什么？"农夫说："我什么也没种，我要确保安全。"

一个不冒任何风险的人，只有什么也不做，就像那个农夫一样，

到头来，什么也没有，什么也不是。他们回避受苦和悲伤，但他们不能学习、改变、感受、成长、爱或生活，他们被自己的态度所捆绑，他们是丧失了自由的奴隶。

在当今的市场，任何一种营销手段都有无数人在实践，要想在市场上见功立业，就必须有所突破，让别人模仿你，走在你的后面，这样才能有所作为。所以说，求稳心态往往并不可取，你一定要有冒一次险的勇气，说不定你就可以成为一种新营销模式的创始人，到时候自然名利双收。

开拓并不是一种鲁莽行为，而是一种营销策略，它是以客户意料之外的行动达成营销人员意料之中的效果。这里面，究竟有着怎样的奥妙呢？下面的建议会有利于你。

第一，营销人员要学会欲擒故纵

在欲擒故纵这句成语中，"擒"是目的，"纵"是手段。怎样运用"纵"的手段呢？那就是当你和客户交谈时，可以表现出一种漫不经心的态度，就是说对能否向他营销出产品表现得毫不在意。这种态度比较容易引起客户的兴趣。为什么会这样呢？道理并不复杂。

营销人员在营销时并不认真营销，客户就会认为营销人员营销的产品市场前景良好，或者认为营销人员怠慢自己。前一谋略会调动客户的购买欲，后一谋略会增强客户的表现欲，客户会想方设法地表现出，自己作为一名重要人物是怎样被漫不经心的营销人员怠慢的。但不管什么心理，给营销人员带来的都是成功的机会。这种谋略尤其适用于那些刚愎自用、自以为是的客户。所以，营销人员要注意学会使用这一谋略。

第二，出其不意，攻其不备

在营销过程中，有些客户摆出艰难拉锯战的架势，而且完全抛开了谈判的截止期。此时，你的最佳防守兼进攻策略就是出其不意，提出时间限制。

出其不意、攻其不备策略的主要内容是，在营销谈判桌上改变态度，给对方一个突然袭击，使对手在毫无准备且无法预料的形势下不知所措。对方本来认为时间挺宽裕，但听到一个要终止谈判的最后期限，而这个谈判成功与否又与自己关系重大，就不可能不感到手足无措。由于他们很可能在资料、条件、精力、思想、时间上都没有充分准备，在经济利益和时间限制的双重驱动下，会不得不屈服，在协议上签字。

刻意模仿

每一件产品都有自己的特色，都有自己的卖点。假如营销人员总是跟着别人的步调一味地模仿，那么，无论卖什么产品，都不能取得理想的成果。

很多营销人员只懂得模仿别人的营销，认识不到自身的营销卖点，看不清自身产品的价值和优势，导致营销的失败，这也是某些营销人员最常犯的错误之一。

一个人从山上砍回来很多树木，这种树木都散发着一种独特的香味。

一天，他儿子把这些树木运到市场上去卖，可是一整天过去了都无人问津。儿子看到身边卖木炭的人生意很火，极为羡慕。

晚上回家后，儿子就把这种香木都烧成木炭。第二天一运到市场，果然没多长时间，那些木炭就全卖完了。

父亲知道后勃然大怒，大骂儿子："你知道我砍回来的树木是什么吗？他们可都是千年不朽的珍贵沉香木啊！只要切一小块磨成粉屑，价值也要超过你卖一年的木炭。你怎么这么笨，不会开动脑筋想想，只知道去模仿别人呢！"

故事中的儿子因为刻意模仿别人，将价值昂贵的沉香烧成了廉价的木炭来卖，这种做法真是愚蠢之极。

营销界一直是一个奇迹迭出的领域，那些营销明星们往往不费吹灰之力就可以创造出别人无法企及的业绩。许多营销新手，往往喜欢从成功人士那里获得成功秘诀，然后竭力模仿，全然不顾自己的实际情况，结果却导致失败。还有一些营销人员，他们在模仿成功人士之后，就开始改变自己的营销风格，用所谓的"正宗"的营销方法去营销。然而，当一个营销周期结束之后，往往会发现自己的业绩未升反降，客户资源未增反减，未来的营销之途未宽反窄。显然，这一切都与自己的期望相去甚远。

要想不去模仿别人，营销人员就应该注重不同产品的不同用途和同类产品的各自优势，并把产品自身的优势转化卖点，让客户认识产品所带来的利益和价值。为此，需要从以下几个方面来努力。

第一，转换卖点

营销人员渴望有个好卖点，客户希望有个好买点，关键是能否在供求双方找到共同点。供求双方内在需要的共同点越多，成交的可能性也就越大；反之，成交的可能性也就会越小。一件产品或者具备实用功能，或者具备观赏价值，各自都有不同的卖点。

不同的思维，不同的营销术，会有不同的结果。转换卖点，就是在看到产品本身的常用功能外，还能找出另外的附加功能。在别人认为不可能的地方开发出新的市场，在别人都一致看重产品的一个卖点上挖掘出更多的卖点，才是真正的营销高手。

第二，变劣势为优势

营销最高明的手法是化弱点为优点，实际做法就是有特点说特点，无特点创造特点。不同的客户会看中产品的不同卖点，一名优秀的营销人员会以敏锐的眼光洞悉客户的内心，根据客户的倾向采用不同的说辞，向客户重点展示他所看重的功效。

第三，用产品说话

营销人员在向客户推荐产品时，仅仅口头上说好，显然是不够的。只有用产品来说话，才是向客户营销产品的最有力的说明。营销人员在具体营销时，必须向客户展示产品的优点，在面对众多的同类产品时，更要突出产品的与众不同之处。比如，同类的液晶电视，有的产品以色彩感强、画面清晰取胜，而有的产品则以省电、省空间的"超薄"性能赢得客户的青睐，还有的产品以多功能、追求时尚受到客户的欢迎。用产品说话是营销的关键，因为客户不买产品

避免营销中的低级错误

的理由不外乎有两个：一是确实对该产品没有兴趣，二是不相信该产品。用产品说话就是要促使客户产生对该产品的兴趣，进而相信该产品。

总之，每件产品都会有自己突出的优势和卖点，营销人员要掌握这些产品的特点和优点，才能更自信地说服客户，赢得客户的信赖。

报价不合理

在营销的过程中，报价可能是令营销人员最头疼的问题之一了，他们既害怕价格过高客户难以接受，又害怕价格过低而降低了原本应获得的利润。可惜的是，有许多营销人员并没有注意到这一点，而在不知不觉中犯了一些小的错误，如报价过高或太低，从而使得以前所有的努力白费。

一天清晨，某家庭主妇到菜市上去买黄瓜。来到一个菜摊跟前，主妇一问价格，小贩A说每斤黄瓜5角钱，而且说绝不降价。素来喜欢砍价的主妇很是气恼，她二话不说，扭头便走。

主妇又到了另一个摊位前，这个摊位上的小贩B要价每斤6角，但主妇看了看，似乎还有讲价的余地。于是便发挥自己的特长，鼓动簧舌进行讨价还价。几分钟之后，终于将价格讲到了每斤5角，满心欢喜地买了几斤，然后，回家做饭去了。

同样都是每斤5角钱的黄瓜，小贩B为什么愿意磨老半天嘴皮子，结果还是卖了5角钱呢？因为小贩B的价格有个目标区间，最高6角钱是他的理想目标。如果能在这个价位将产品营销出去，他的收益将是最大的，但是如果不能实现利益的最大化，那么最低的5角也是他可以接受的。这种弹性的定价，也让客户从心理上更容易接受。

其实，营销就是一个不断寻找反馈的往返行为。买方、卖方各自订立目标，然后寻求反馈，反馈中的每项要求、让步、威胁、迁延、最后期限、权限，甚至他人的评语，都可能影响双方的期望值，任何一句话、任何新动向都可能左右价格的起伏。

那么，怎样去处理这个问题呢？其实，这中间有一定技巧的，只要我们掌握了下面这些技巧，便可以在双赢中获得成交。

第一，开盘价应当报得高些

营销人员初次报价则尽量要高，因为初次报价以后，对方无论如何也不会接受比初价更高的价格了。同时，一方面，高的初价为自己接下来的讨价还价留出了回旋余地。另一方面，也为对方提供了一个评价产品的价值和质量的尺度。

开盘价要报得高些，但同时也必须合乎情理，要能讲得通。如果报价过高，讲不出道理，肯定会使对方认为这是一种欺诈；如果对方提出质问，你无言可答，将会使自己丢脸，丧失信誉，而且很快还得被迫让步。

第二，报价要明确

报价要非常明确，以便客户准确地了解卖方的期望。可借助于

避免营销中的低级错误

直观的方法明确报价,例如,可以拿出一张纸把价格写下来,并让对方看见,这样就能使报价明确无误。提出价格问题时,语气要坚定不移,好像没有任何商量余地一样。如果你用"大约"、"据说"、"大致"这样的词语,对方就会把这作为讨价还价的信号,认为这意味着你还有降价的余地。所以,你的开盘报价要坚决而果断地向对方提出,不要保留,并且是毫不犹豫的。这样,才会让客户更容易接受你的价格。

第三,报价不能太匆忙

当人面对即将来临的成功时,人的活力和精力都会高涨起来。在这个阶段,双方都需要最后确定价格。这时,营销人员不要匆忙报价,否则会被对方认为是另一个让步。

上面这些报价技巧,有许多营销人员并没有注意到,导致在实际操作中利益受损。如果能将这些技巧熟练掌握并在实践中灵活运用,就能获得最佳效益。

只求眼前业绩

眼前利益,触手可及,如果眼前业绩和长远利益相冲突,会让许多营销人员难以做出抉择。很多营销人员把营销当成是投机行为,抱着"赚一把就走"的态度,只要能够满足眼前的利益,根本不做长远打算。这样的人,他的营销之路势必会越走越窄,难以获得大的成功。

在营销行业,有这样一句话:"营销并不是一锤子买卖。"任何一个从事营销工作的人员，一定要把这句话牢牢记在心里。不要为了提高眼前的营销业绩而不择手段，做出一些降低你在客户心目中信用的事情。

有一家化学厂的营销人员搞了一次业绩评比，一个叫刘华的营销人员连续几个月夺得营销业绩第一名。

一位同事向刘华请教成功的秘诀，刘华回答说："我和小斌搭档，他到居民小区卖一种洗涤剂，洗涤效果非常好，而且价格也很便宜。"

"这是他的事情啊，和你的业绩有什么关系？"同事不解地问。

"小斌卖的这种洗涤剂有一个重大的缺点，就是在使用之后，手上会染上一种黄色，用一般的洗涤用品是洗不掉的。"刘华微笑着说，"接着，我就到小斌去过的地方，卖专门洗掉那种黄色的肥皂，而且效果也很好，但价格很贵！"

同事听了刘华的这番话，明白他的业绩显著的原因了，但这个同事却没有向刘华学习，而且对其他人说："刘华这种做法的弊端，肯定会在将来显现出来，给他造成损失。"

果然不出这位同事的意料，没过多久，刘华的这种做法传了出去，人们都知道有这样两个营销人员。于是，人们决意再也不买刘华营销的所有东西了。

刘华的营销手段看似高明，但他却忽视了营销法则中一条重要的原则：绝不可为自身利益而牺牲客户的信任。提高营销业绩是每

避免营销中的低级错误

一位营销人员梦寐以求的事情,但是不论怎么营销,都不要用不正当的手段,耍小聪明只能一时有效,绝不可能永远有效。刘华以为自己很聪明,可以愚弄客户,却是搬起石头砸了自己的脚,为此付出了巨大的代价,再也没人相信他了,他再也不能在这个行业干下去了。可谓是一次失信,终身失信了。

所以,身为营销人员始终要记住:他人之所以购买你的产品,接受你的服务,虽说那些对他有一定的帮助,能帮他解决某些问题,但他是否决定消费和购买,还要取决另外一个关键因素——那就是客户是否信任你。市场上有那么多的同类产品,为什么客户偏偏就要选择你的?如果你利用客户的信任愚弄他们,那么就等于自毁生财之路。营销人员业绩的增长,是因为老客户对营销人员的信任而不断地重复消费,如果你只追求眼前业绩,欺骗了客户,必将给自己带来更大的损失。这样的损失,有时就是灾难。

忽略环境因素

环境因素对人的心理影响是巨大的,包括所处的时间、地点、所见所闻,都会对人们的最终购买决策产生影响。很多营销人员面对客户时,就只知道面对产品和人,不会关注客户身边的环境因素,这样的营销工作会很吃力。

环境的影响一般比较隐蔽和细微,当人们习惯了某种生活方式后,就很少注意。如果采取一定的措施,让环境的影响在营销中凸显出来,就会收到另外一种效果。因为人们一旦发现某种环境因素无形中影响着自己和别人的行为，就会对其重视起来。

原先在日本，打火机一般都在百货店或是附带在卖香烟的杂货店里卖。可是，日本丸万公司董事长长山丰推出瓦斯打火机时，却把它交由钟表店来营销。

丸万公司的瓦斯打火机终于成为世界特级品，它的生产量在近年来的同行业中一直高居世界首位。该公司的打火机之所以能称霸世界，性能优越是原因之一，而把本该放在香烟杂货店等低级场所卖的、被人认为是低级品的打火机，抢先一步放在钟表商店营销，这才是其成功的根本原因。

钟表店一向被人认为是卖贵重物品的高级场所，在这里卖打火机，人们一定会视它为高级品。在暗淡的杂货店、香烟店里，上面蒙着一层灰尘的打火机和摆在闪闪发光的钟表店中的打火机，这两者给人的印象当然是相差十万八千里了。

"在杂货店、香烟摊将自己的打火机和别的公司的打火机摆在一起是不太妥当的，应该尽量避免才行！"长山丰董事长这样说。

在营销方面，长山丰董事长并没有什么高见，他也没想到，采取在钟表店营销的方式能收到惊人的效果，能使他的打火机十分畅销。当时他的想法很单纯，他只想避免与同行的竞争。没想到这样做，立即出尽风头，给人留下丸万公司的打火机是非常高级的印象，并使它风靡世界的每一角落。

借助钟表店出售打火机,这一"择高而攀"的营销策略,就是利用环境影响促销的具体体现。当然,首先要认清这种产品给消费者印象的层次高低、优劣,然后才可付诸行动。

某种产品一旦在客户的印象里有了一个较为固定的形象,要想改变则是非常困难的。一些聪明的厂商也就不再和消费者的心理对抗,干脆顺着这种心理,改换另一种名称推出新产品。如果你的公司或产品已经在消费者中有了一个形象,若再有新的行动时,一定要考虑到以前形象对新行动的影响。

所以,营销人员在进行营销的时候,不要忽视环境因素,应学会利用环境的影响力,或使一些无形的因素得以凸显,让客户感受到它的存在,从而发挥应有的影响力,对客户的行为有所约束,或者促进和帮助自己完成营销工作。

凸显环境因素,可以使客户在购买产品时不由自主地对产品加以比较。比如为了凸显两种物品在价格上的差距,商场会把类似的产品摆在一起,在显眼的位置打上标签,使客户在对比中选择更适合自己的产品。通过凸显环境因素,能促使客户在购买行为上做出某些改变。

既然善用环境可以影响客户,从而促进营销的成功,那么,在具体的营销工作中,应该如何来借助环境因素呢?可从以下几点入手。

第一,借助权威效应

人们为了获得安全感,避免减少损失,常常喜欢"跟着行家走",因为行家很少会出错,能够指出一个正确的方向。在营销中,客户往往选择有权威机构认证、有社会广泛认同的产品,他们觉得这样的产品有质量保障，使用起来，也会安全可靠。

在营销与消费过程中，权威效应起到了巨大的影响力，如果营销人员能够巧妙地应用权威的引导力，会对营销起到很大的促进作用。

第二，借助名人效应

所谓名人，是指知名或著名人物。像影视明星、体育明星、政界名人、科技名人、著名学者等都属这一类，特别是影视明星和体育明星比较多见。名人效应是指由知名人物的声誉、名声而产生的对自身和周围事物的效果和影响，也叫光环效应、权威效应。"戴安娜热"给英国制造商带来的利润就是明显的例子。

> 英国王妃戴安娜的一颦一笑、一行一止，都常常引起西方世界的极大兴趣。她穿的服装，她理的发型，各国少女们竞相模仿，趋之若鹜，甚至还掀起了一股"戴安娜热"。英国的制造商们抓住这一热潮，用各种方式利用"王妃效应"来营销产品，结果都大赚了。

第三，把低级品放入高级场所出售

把低级品放入高级场所出售，这样就改变了人们对低级品的看法，从而使本来见不了天日的产品，变成了十分流行畅销的产品。与此相反，那就是即使再高级的产品，一旦置身于便宜低劣的产品群中，也一样会被认为是廉价的。如以产品价格低廉闻名的日本大卫公司，虽然卖的不全是便宜货，但在一般客户的印象里，"大卫公

避免营销中的低级错误

司卖便宜产品"已经是根深蒂固了。所以，有时大卫公司推出一两件高级品，也很少有人拿它当真正的高级品而问津了。

对竞争对手又怕又恨

很多营销人员不能正确地看待竞争对手，认为对手的存在会损害自己的利益，所以对对手又怕又恨，害怕同行之间的竞争，嫉妒同行抢夺自己的客户。这种心态，最终会影响一个营销人员的进取之心，使之丧失斗志，出现营销业绩大滑坡。

在营销领域，竞争是在所难免的，如何看待竞争对手，是每一个营销人员必须要过的一个心理关卡。坦然并且积极主动地面对同行的竞争，是任何一个想创造卓越成绩的营销人员必备的素质和能力。

所有的营销人员都迫切想赢得客户的青睐，以抢到理想的客户。如果你不能积极地面对这一切，毫无疑问，最终你只会成为别人的手下败将，更别奢望同客户签订订单了。

屈刚是一家医药公司的营销人员，负责华南地区几个城市的药品推广。而在同一地区，还有另一家医药公司的一个叫王新的营销人员。他们所在的两家公司的产品基本相似，所以屈刚和王新就免不了要在工作中"斗智斗勇"。经过几次交锋之后，屈刚一直是处于下风，并且因此受到了公司领导的批评。

从那以后，屈刚就对王新产生了一种恐惧，他认为这个人简直就是自己的克星，在工作上也就更加不自信了。一段时间之后，由于华南市场迟迟不能打开，屈刚被公司召回，浪费了一次表现自己的绝佳机会。

像屈刚这样的人，从内心深处畏惧竞争，抵触竞争，不能正确地看待竞争对手，永远都不可能成为一个优秀的营销人员。要知道，竞争是宇宙间万事万物存在的必然法则，这一点在营销行业中表现得尤为突出。在激烈的竞争环境中，营销人员要用必胜的心理来武装自己，以积极的心态去面对。

我们说的敢于面对竞争对手，敢于和竞争对手过招，指的是光明正大的竞争，而有些人喜欢使用背后中伤的伎俩，这是一种不能正确看待竞争对手的表现。实际上，这种营销手段，对自身的营销工作也会产生负面影响。

如果营销人员在客户面前主动攻击竞争对手，就等于给客户传递了这样一种信息：他一定是发现对手非常厉害，觉得难以应付。客户还会进一步推测，他对另一个公司的敌对情绪之所以这么大，一定是因为他们在竞争中栽到了这家公司手里。客户最后会得出一个结论：如果这个厂家的生意在对手面前损失惨重，他的竞争对手的产品就肯定要比他的好一些。这样一来，真是偷鸡不成蚀把米了。

一个小镇上只有两家珠宝店，一个年轻人想买一枚真正的钻石戒指。为了把自己的产品卖出去，两个珠宝商都大肆地攻击竞争对手是坑骗客户的家伙。对钻石一窍不通的年轻人听后觉得，在这里买钻石戒指很可能上当受骗，买到假货。而这两个珠宝商的话均不可信赖，最好还是去光顾城里的首

饰店。结果，谁家的首饰也没有卖出去。

从上面的故事中可以看出，有胆量就与竞争对手正面过招，别在背后恶意批评，否则就是搬起石头砸自己的脚了。

很多时候，客户喜欢在营销人员面前夸赞另一家公司的产品，这仅仅是客户的一种价格策略，只不过是希望你能够降低一下价格而已。如果这个时候营销人员显得情绪过于激动，将客户所说的公司说得一无是处，反而会引起客户的疑惑。

一个好的营销人员，当客户说到竞争者是如何好，对方的产品价格是如何便宜时，他一般会和客户这样说："我知道这家公司的产品和价位各方面都是相当不错的，但是，我们的产品和他们产品所不一样的地方是……"他会趁着这个机会，再一次强调自己产品的优点以及和别人产品的差异之处。这里需要注意的是，你只需强调产品差异而不要批评。

营销人员能用如此理智的方式解决竞争中的问题，不仅仅是一个营销技巧的问题，更是因为他们能够正确看待竞争对手，没有被偏见左右了自己的情绪。所以，在客户提到竞争者时，营销人员应该注意，要客观地比较二者之间的差异性或优缺点，不要恶意地批评或中伤竞争者，因为那样做，只会让自己的利益受到损害。

总之，营销活动要想做到客观，就必须做到正确看待竞争对手。科学研究表明，通常情况下人只能发挥自身潜能的百分之二十到百分之三十，而在竞争过程中，人处于紧张的情绪状态，这种情绪有利于个体潜力的发挥。竞争使人精力充沛，思维敏捷，反映灵活，想象丰富，从而激发人的创造精神。

产品情感寓意不突出

在很多时候,客户并不一定希望自己购买的产品多么廉价,而是特别注重产品的内涵。比如被当做生日礼物、纪念品或礼品的产品,就被赋予蕴藏的深意。然而,绝大多数营销人员在与客户沟通时,并未体会到对方购买产品的深层用意,只是讨价还价,忽视产品的情感价值,这种营销方式是要不得的。

众所周知,现代市场不是强买和强卖的关系了。所以,营销行为不能太直接、太刺眼、太强迫。有人曾说过:"营销活动离金钱越远,成功的把握就越大。"这话真是切中时弊。搞营销,必须来点有深意的内容,必须撇开传统的路子,去研究和实践"营销的情感文化"。

另外,在目前的市场,不同商场经营的同类产品在质量、性能等方面已无大的差别。在这种情况下,客户购物选择的标准已由实用型过渡到精神享受型,即强调产品在具备基本功能、满足需求的前提下,对情感渴望和精神愉悦的追求,这种个性服务的期望与日俱增。正因为如此,营销人员在营销的过程中,就必须关注"情"这一主题,开展越来越多的人情味十足的促销活动。

要运用真诚的情感征服客户,以求与客户沟通,产生共鸣,有力地营造良好的营销氛围。在这里,有一位项链营销人员的营销方式值得大家学习。

项链营销人员小张向一位买结婚项链的年轻客户介绍道:"啊,你看这条项链怎么样,价格5000元。"

年轻人道:"贵了点儿!"

小张说:"那要不你看看这条怎么样吧,价格也是5000元,但我只收你原价的5成,另外5成是我送给你们的结婚礼物,祝你们幸福美满,白头到老。"

这样巧妙地营销表达方式,达到了一举两得的效果。客户享受到了半价的优惠,还得到了一份无价的情感馈赠,不但不会让客户因半价而有失面子,还会因营销人员的温馨话语而收获意外的惊喜,实在不失为一种聪明的营销方式。所以说,营销并不完全在于技巧的运用,更巧妙地是善于利用情感效应,为双方的交流注入情感因素,使营销活动达到事半功倍的效果。

然而,有很多营销人员对客户的心理理解比较单一,察觉不到客户在不同的环境之下可能会有不同的心理表现,产生不同的心理感受。他们把复杂的、多样化的心理活动简单化、片面化,用同一种方式去应对不同的情况和不同的人,不懂得根据对方的心理变化来调整自己的语言和行动。由于不懂得顺应客户的心理、争取对方的好感,因此就不能够利用心理,获得对方的认可。这样一来,营销失败也就在所难免了。

营销人员从寻找客户开始,直至达成交易、签订订单,不仅要周密计划,细致安排,而且要与客户进行深层的心理交锋。这就要求营销人员必须顺应客户的心理活动轨迹,审时度势,及时在"情"字上下工夫,设法加大客户"得"的砝码,不断地强化其购买动机,采取积极有效的情感方式,去坚定客户的购买信心。

有一位姓余的大学教授，下海经营摩托车，结果鼓捣了两三个月，也没有卖出去一台。后来他想：何不成立一个摩托车俱乐部，把玩车的人组织起来，搞成摩托车的情感文化，大家在一起切磋车技，岂不更方便与客户间的情感沟通？

这个摩托车俱乐部一成立，社会上马上就有一百多人加盟，一百多辆摩托车在城中游行，浩浩荡荡。在俱乐部成立的当天，余先生就卖出了14台摩托车。再后来，他又在七个省市设立了俱乐部分会，广泛地发行会员卡。没过多长时间，他的会员就发展到上万人，生意做得红红火火。

情感营销就是把和客户一对一交流及服务摆到核心位置。营销人员能够做到一对一的沟通，会改变商业交往中那种冷冰冰的纯功利关系。就像上例中的余先生一样，可以通过建立俱乐部、发行会员卡等方式与客户建立情感纽带。实践证明，这些有形的情感纽带，均给营销者带来了良好的效益。

另外，进行积极的消费体验，也是建立客户与产品、客户与服务的情感纽带途径之一。把情感和体验联系在一起，不仅使客户体验温馨，令人愉悦，还可以使客户对营销人员产生依赖情结，从而建立起忠诚的合作关系。如果有了情感体验的场景和气氛，那么对客户的购买决策就能产生很大的正面影响。因此，对于营销人员来说，提供充分的体验，就意味着能够获得更多客户的机会。

如今，人们越来越需要一种不同于日常生活的体验，情感经济占有越来越重要的地位。产品已不仅仅是作为一种产品进入客户的生活，更多的是成为与客户进行情感交流的载体。情感促销正是满

足客户这一心理需求的必要手段。促销过程中的情感介入，将直接推动营销，是促销的"润滑剂"。一旦与客户建立起情谊，那么营销前途将越来越光明。

第三章　沟通存在障碍

　　成功的营销人员要靠成绩说话，靠业绩生活，靠利润生存。如果你不善于与客户沟通交流，不懂得用巧妙的语言说服客户，就不能将其引导到自己所营销的产品或服务中，不能赢得客户的信任，也就很难把握营销的主动权。

不给客户说话的机会

　　营销人员与客户谈话，就是与客户交流思想的过程，这种交流是双向的，不仅营销人员自己要说，同时也要鼓励客户讲话，通过客户说的话营销人员可以了解客户的基本情况和真实需求。如果营销人员有强烈的表现欲，一开口就滔滔不绝、唾沫横飞，只管自己一吐为快，全然不顾对方的反应，结果只能让对方厌恶，避而远之。因此，营销人员切忌"唱独角戏"，不给客户说话的机会。

　　与客户沟通不仅是在交流信息，同时也是在交流感情。许多复杂的情感往往通过不同的语音、语调和语速表现出来。因此，在与不同的人沟通时，你要找到能与对方顺利交流的语音、语调和语速，而不是自己在那里不顾对方感受一味地说。

　　阿涛的一位客户是名退休教师，保健意识很强，每个月

避免营销中的低级错误

都要消费不少保健品，对业务伙伴而言是个优质客户。但这位客户说话速度特别慢，之前有不少年轻的伙伴都因为无法接受他说话慢的特点，在交谈时常常打断这个客户的谈话，表现得很不耐烦。老教师很不满意，于是经常在不同的业务伙伴那里购买产品，直到他遇到阿涛。阿涛也是个年轻人，但当他发现这位客户说话很慢时，自己也放慢说话的速度。正是这一点，阿涛深受这个老教师的喜爱。现在，老教师已成了他最忠实的客户。

有些人在和客户交谈时喜欢滔滔不绝、口若悬河，不让客户有说话的机会，这是沟通中的大忌。事实上，只有像阿涛那样，让客户多说，自己多听，才能了解客户的需求，知道客户的疑虑。

因为在这些营销人员的脑子里，能说会道是一个成功营销者的标志，只有一直努力地说才能引导客户，并掌握谈话的主动权。然而事实并非如此，他们的这种行为虽然堵住了客户的嘴，却堵不住客户的心。在客户面对他们滔滔不绝而频频点头的同时，心里却已经有了自己的想法。对于营销人员，他们看到的只是客户表面的"点头"，却没有观察到其心理的变化，业务也往往在等待中没了下文。

当然，能说会道是一种本领，是营销人员需要达到的，但在客户沟通的过程中却要讲究方式方法。在营销过程中，达成交易并非靠语言堵住客户的嘴，而是要让客户心悦诚服，也就是各得其所，实现双赢。

作为一个营销人员，怎样才能改变滔滔不绝的说话习惯，让客户畅所欲言地表达意愿呢？

第一，学会倾听

学会交谈的技巧，应该从倾听开始，很多人都忽略了这一点。其实这点很重要，比如：一个营销人员刚开始就一直不断地介绍自己的产品，而没有给对方留下任何时间，能说的营销人员多的是，这些话客户几乎都听烦了。而另一个营销人员知道倾听他人。当客户把自己想说的都说完了，营销人员会适当的给他一点意见，决定权在客户。对客户来说，他会感觉到很开心，会认为你处处为他着想，成交的机会也就多了。

当客户说话时候，营销人员一定要集中注意力，留心客户所说的每个词语，并适时地对客户的谈话表达你的认同，使对方很安心地说出自己的真实感受，让对方能够和你一样平心静气，公平衡量事情的利弊，改善双方原本对立的关系。

第二，寻找话题，让客户讲话

寻找话题，让客户不停地讲下去，这是营销人员的首要责任。这样不但可以听得全面，而且容易了解到客户不经意间泄露出的内在意图。客户经常有一些意见、疑难、需要隐藏起来，因此营销人员要让他发表意见，帮他解决问题。只有这样，才能正确掌握客户的需要，才能针对其需要开展营销工作，收到事半功倍的效果。

第三，不要打断客户的话

急于打断客户的话是不礼貌的行为，也会让营销人员和客户之间竖起一堵墙。即使你不同意客户的某些观点，也不可急着打断他的话，一定要耐住性子听他说完，这样你才能知道他抗拒你的真正

想法。

要在不打断客户谈话的原则下，学会表达自己的意见。不要从头到尾一句话都不说，场面会很怪异，使对方对你起疑心。

第四，不要直接反驳客户

客户的观点和见解不可能完全正确，也不可能都符合营销人员的口味。但是，营销人员不能批评或反驳客户，如果客户的观点太尖锐，你不妨采取提问等方式改变客户谈话的重点，引导客户谈论更能促进营销的话题。比如，"既然您如此厌恶保险，那您是怎样安排孩子今后的教育问题的？""您非常诚恳，我很想知道您认为什么样的理财服务才能令您满意？"

总之，每个营销人员在营销过程中，都应当运用一些沟通技巧，让客户多表达自己的想法和看法，耐心地倾听并抓住重点，进而才能迎合客户的心，把话说到点子上，为营销的成功铺平道路。

使用术语让客户听不懂

如果营销人员满口都是专业名词，是很难让客户接受的。事实上，用专业术语并不能显示你的学问有多么高深，让客户听不懂才是你最大的失误。

李勇在保险公司还没干两个月，就处处以保险专家的身份自居，一上阵，就一股脑地向客户炫耀自己是专家。一张口就是一大堆专业术语，把客户搞得一头雾水，听了都感到压力很大。在和客户交谈的时候,李勇接二连三地狂吐专业名词,什么"豁免保费"、"费率"、"债权"、"债权受益人",让客户像是坠入了五里云雾……客户们对他这个所谓的保险专家很反感,拒绝也就变得顺理成章,可笑的是李勇还沉浸在专家的梦里。到了年底,和同事们相比,业务果然是第一,只不过是倒数的。

让我们仔细分析一下,那些喜欢满嘴专业名词的人就像满嘴"之乎者也"的老学究一样,不招人喜欢。其实,客户会想,"这些营销人员是在把我们当做小学生吗?满口都是专业名词,让人怎么能接受?""既然听不懂,我们不可能了解这些东西,更谈不上什么购买了!"

这就是客户心中真实的想法,他们不是在讨厌专业,而是在讨厌专业名词。如果你能把这些专业性术语转换成简单的话语,让客户听得明明白白,一定能有效地达到沟通的目的,这样你的营销才会达到交易效果。这也是很多营销专家们总结出来的宝贵经验,不要说"专业名词",多用通俗易懂的语言,这样最容易被大众接受。

所以,营销人员在交易活动中要多使用通俗化的语句,要让客户听得懂,这是营销的第一步。在讲解产品和业务时语言必须简单明了,表达方式必须直截了当。如果不能达到这一点,很可能就会产生沟通障碍,最终影响交易的实现。

王总的公司要搬到一个新的办公区,急需安装一个能够体现公司特色的邮件箱,于是让秘书去找家公司咨询一下。

避免营销中的低级错误

秘书拨打了一个电话,接电话的营销人员听了秘书的要求,很诚恳地跟秘书小姐说:"贵公司最适合CSI邮箱了,方便实用更能体现贵公司的企业文化!"一个CSI把秘书小姐弄得一头雾水,特意跑到总经理办公室去问了一下,王总也搞不懂。

于是,秘书小姐又问这个营销人员:"麻烦你能说得详细一点吗?这个CSI是金属的还是塑料的?是圆形的还是方形的?"

营销人员对于秘书的疑问感到很不解:"如果你们想用金属的,可以选择FDX,每个FDX还可以配上两个NCO。"天啊,秘书崩溃了,一个CSI不算,竟然又冒出了什么FDX、NCO,简直是要人命!这几个字母把秘书彻底打败了,她一头雾水,只好无奈地对他说:"再见,有机会再联系吧!"

上面的案例启示我们:一个营销人员首先要做的不是你的专业,而是要用客户明白的语言来介绍自己的商品。客户搞不懂,自然不会买你的账。

聪明的营销人员在给客户做营销的时候,会尽量避免用客户听不懂的专业术语,通俗易懂的语言最容易被大众所接受。表达不清楚、语言不明白,就可能会产生沟通障碍,就会影响成交。此外,营销人员应该针对不同客户采取适合的语言和交谈方式。具体要做到以下几点:

第一，了解客户的真实需求

了解客户的真实需求是一切营销工作的始点，一切营销语言和行为都应该围绕这一中心来展开。这可以通过观察、询问、引导、分析、总结五个阶段来得出客户的需求结论，从而进一步展开下一步攻势。

第二，利用客户感兴趣的话题开言

每一个人都有自己喜欢的话题，有的人喜欢唱歌，有的人喜欢跳舞，有的人喜欢字画，有的人喜欢购物，有的人喜欢上网，有的人喜欢打麻将……千姿百态，无奇不有。每一个人都喜欢谈论自己感兴趣的事情，绕开自己不感兴趣的话题。谈论自己感兴趣的话题一下子就能把一个人的爱好和个性特征显露出来，还能拉近彼此之间的距离。

第三，引导客户自己把话说出来

有的营销人员口若悬河、滔滔不绝，生怕客户听不到、听不懂，也怕客户觉得自己没料。其实，优秀的营销人员都能引导客户自己把话说出来，他们很少代替客户，而是叫客户代替自己，代替自己来进行营销。当然，客户对自己作出的决定肯定是算数的、无可抵赖的。例如，"老板，我想请教一个问题，像您这样的老板一般选择品牌时要注意些什么问题？"老板们一听到别人请教他，一般都会谦虚地把你的问题解答，然后，营销人员就会趁机一路把话题引导到自己想要的方面去。这位老板就在无形中不知不觉地把自己的担心和顾虑说出来，营销人员也趁机引导，把老板的担心和顾虑消除掉。

营销就是解除客人疑虑和担忧的一个过程,在这个过程中,如何把客人的疑虑和担忧引出来才是关键所在。

第四,让客户能听懂你的语言

你话的说能让客户听得懂,这是营销最基本的原则,也是基本常识。如果客户连你说的话都没听明白,那他肯定不会跟你成交。听不明白你的话,这不是客户的错,而是你自己的错,错就错在你还没有真正了解客户,还不知道客户想要什么,或者你的表达不行。

其实,这里面有两个问题,第一个是客户的层面问题,另一个则是语言问题。层面问题就像你不能跟"80后"、"90后"谈20世纪60年代和70年代的话题,也不能跟老大妈、老大爷谈年轻人的话题,更不要拿专家感兴趣的话题跟平常人述说。语言问题是客户能不能听明白你所说的话,你的表达是否畅顺,是否言不达意。所以,营销人员在与不同的客户谈话时,都应当认真地选用适合于客户的语言。然而,营销人员常犯的错误就在于,他们过多地使用技术名词、专用名词向客户介绍产品,使客户不知所云。还有的营销人员就是按公司的营销手册直接背书一样一字不漏地向客户背下来,也不管客户是否能够听懂,也不在意站在面前的客户是否在听,这都是违背营销原则的,就是没有按照客户语言来营销。

只有让客户听得懂你的话,只有让客户能开口提问题,你的产品才有可能被客户买走。这就是善用客户语言做营销的好处,你学会了吗?

过分地夸大产品的优点

在营销过程中，如果为了增加业绩，不顾产品的真实属性，毫无顾忌地夸大产品功效，形同于杀鸡取卵，其后果会失去更多客户。

一个营销人员听说好友父亲患了不治之症，马上向朋友家人推荐保健产品。这本是一件好事，朋友也表示感谢。介绍产品时这位营销人员画蛇添足说："这个保健品能治好病，不信我和你打赌"。没多久，朋友的父亲死了，当然不是吃保健品死的，而是生命的终点站到了。可朋友不这么想，悲伤之后，想起这位营销人员打的赌，当时还立有字据，于是把一腔悲愤撒向了营销人员。结果，他们之间的友谊自然告吹，营销人员也给公司造成巨大损失。由于他随便夸大产品功效，使公司的声誉受到影响。

要推广产品，把产品的优点充分张扬，这是产品广告应有之义，现在的问题是应该怎么夸。作为一名营销人员，你没有必要为自己营销的产品存在的一些缺点而犯愁，任何一个产品都存在优点和不足，如果你将自己的产品刻画得过于完美，在客户面前想方设法地掩盖产品的缺点，反倒会给人一种不真实的感觉。

营销人员在向客户推荐产品时，一定要遵循下列几项原则。

第一，客观、真实地介绍产品

营销人员营销并宣传产品的优点，目的是为了促进交易的完成，

但这并不是指对产品做出浮夸的介绍。对于客户而言，他们更在意的是营销人员所做的介绍是否真实可信。如果营销人员过度地吹嘘产品的优点，从而引诱客户购买，一旦客户发现你的不实行为，就会拒绝再次与你合作。

第二，不要为了营销产品而丧失信誉

作为营销人员，不管你营销的是有形的产品还是无形的服务，如果客户的某些需求无法给予满足，就不要勉强。你可以采用其他辅助手段淡化客户这方面的需求，或者真诚地向客户表明你的难处。如果客户坚持自己的要求，那么营销人员宁愿失去这一次成功交易的机会，也不要失去基本的信誉。因为交易的机会还有很多，但信誉没有了就很难再得到客户的信任。

第三，营销产品时多为客户着想

在营销的过程中，营销人员若能尊重事实，处处为客户着想，客户自然会对你产生信任感。如果你能热情主动地为客户做了那些当初没有许诺的事情时，客户会感觉你做的事情超出他们的期待，这会使他们感到非常满意，进而更愿意与你合作。

第四，大胆承认不足

在营销产品的时候，如果客户指出产品存在某些不足，营销人员大可不必躲躲闪闪、左右招架，你要大胆地承认事实。没有任何产品是十全十美的，也没有哪一种产品能够完全符合客户要求的，每个产品都不可避免地存在欠缺。当客户提出切中要害的异议时，

矢口否认、设法抵赖都是下策，只有诚实地承认并努力挽回影响才是明智之举。

在承认产品的不足之后，还要耐心地向客户强调介绍产品的优势，使客户觉得与这些优点和长处相比，产品的区区缺点也算不了什么。要知道，承认事实并不等于承认失败，在与客户的洽谈中，你要帮助对方进行公正比较，从而让对方认识到营销产品的优点大于缺点，使他们保持一定程度的心理平衡，用获益心理去抵消受损心理，从而促成交易。

陷入价格争议的旋涡中

交易就是一场利润的角逐，而不是数量的竞争。换句话说，生意是价值的角逐，而不是价格的竞争。在营销的报价以及讨价还价的过程中，营销人员如果一直把目光盯在产品的价格上，不懂得将客户引导到产品的价值等其他方面，就可能进入营销的死角，无法取得客户的信任和支持，进而不能把产品成功地营销出去。

在任何一次营销活动中都有一个不可避免的争议问题，那就是产品的价格。客户希望以最低的价格购买到最满意的产品，而营销人员也希望能够在营销产品的过程中为自己赢得多一点利润，这些都是无可厚非的。但是，有些营销人员却很固执，陷入价格争议的旋涡中，不懂得灵活变通。

小李为了参加一个结婚典礼，准备在一家商店购买一套礼服。这家商店里有许多礼服，并且标价比较低。但他一向

避免营销中的低级错误

很少独自出来购物,心里没什么把握。营销人员站在旁边,告诉他这是本市价格最低的,但是小李看来看去,无法决定是否要购买。

小李来到另一家商场里,一位营销人员走过来,耐心询问他买衣服的缘由。小李的心情马上释然了。这位营销人员并没有马上向他介绍本店的产品多么质优价廉,而是先询问他的各种需求,如购买的目的,他喜欢的花边、样式及选择的理由,婚礼的场合以及他是否经常穿这套衣服等。

最后,小李选购到了他要的东西,并且对后面这家的营销人员十分感激。

第一个营销人员过分强调产品价格低廉,结果让客户因为价低而怀疑产品的品质,失去了生意。故事中的第二个营销人员就比较聪明,她先询问客户的需要,了解了情况之后再为客户推荐产品,没有直接用价格吸引客户,进而成功地卖出了产品。这个案例说明,作为营销人员,应当掌握一些报价以及讨价还价的技巧和策略,避免因为价格问题导致营销失败。

立场不同,往往考虑问题的方式和表达的方式会有所不同。作为一个营销人员,应该站在客户立场考虑问题,比如如何让客户相信物有所值,怎样强调产品的价值,还要运用说服技巧,从而避免和化解因价格引起的争议。

第一,让客户相信物有所值

客户关注产品的价格,并且为了降低产品价格而进行协商时,多半表明他有这方面的需求，并需要这样的产品。客户说"太贵了"，其实是客户追求物美价廉的一种心理，同时也想听听你的解释，这时你要做的就是要让他们相信你的产品价值绝对符合这一价格，甚至已经是物超所值了。如果能够成功做到这一点，那么就成交有望了。

第二，多强调产品的价值

如果客户对价格提出异议，营销人员也不要紧张，更不要仅仅围绕着价格问题与客户展开争论。应该看到价格问题背后的积极因素，尽可能地让客户相信你的产品价格完全符合产品的真实价值，最终说服客户，实现成交。

第三，利用整除分解法说服客户

整除分解法就是通过化整为零的计算，让客户知道产品的价值所在，把客户的注意力从一个较大的数额转移到一个十分容易接受的小数额上。这种方法实际上运用起来并不难，但效果非常显著，经验丰富的营销人员通常会采用整除分解法来进行营销。

在运用这种方法的时候，营销人员同样需要围绕客户比较关注的兴趣点进行分析。比如客户认为一年交近1万元的保险费太高，这时营销人员不妨将1万元分摊到每天33元，告诉客户每天只要少在外面吃一顿普通的快餐就能够在年老时领取大笔的分红金，这样会更容易让客户动心。

避免营销中的低级错误

死缠烂打搞营销

热心对待客户本是好事,但营销产品太过"热心"却让人反感。一些人"死缠烂打"的营销方式,让客户倍感无奈之余,又觉得十分气愤。其实,说服客户是建立在有效交流和沟通的基础之上的。营销不是死缠烂打。如果在营销的过程中,营销人员不考虑客户的实际需要,依旧死缠烂打、喋喋不休地向客户推荐自己的产品,就等于费力不讨好,这样的营销也注定会失败。

营销人员被诟病最多的,正是死缠烂打的营销方式。如今,有很多营销人员在营销产品时,总会犯同一个错误,那就是一相情愿、自以为是地向客户营销产品,没有设身处地地为客户着想。他们只想着让客户购买自己的产品,却没有考虑客户是否需要这种产品,或者在购买后会有怎样的好处?

有个营销人员在向一位客户营销产品时说:"先生,我们现在做促销有一些优惠政策,如果您买了我们这种产品,就可以享受免费旅游。"

"我不需要,我不买。"客户冷淡地说。

"这种产品质量很好,而且价格便宜,买了产品还能免费旅游,机会非常难得。"

"关键是我不需要这种产品,想旅游我就去旅行社了。"

"先生,买这个产品也可以用来送朋友,还是挺划算的。"

"你们的这些优惠对于我来讲没有意义。我所要买的产品,首先考虑的是对我有没有实际用处,其他的优惠都是次要的。"客户坚决地拒绝了这位营销人员,扬长而去。

案例中的营销人员之所以失败,关键就在于他没有赢得客户的心,一味地向客户介绍自己的产品和优惠,客户表明不感兴趣之后仍旧死缠烂打,试图将东西卖出去,没有考虑到客户的实际需要。

纵观那些业绩突出的营销人员,他们之所以业绩出色,营销成功,就是因为他们的价值观念、行为模式比一般人更主动,他们的心态比一般人更积极,一切为客户着想。所以说,营销人员在向客户营销的时候,一定要顾及客户的利益,将心比心,这是营销人员对待客户的基本原则,更是营销成功的基本要素。

要做到顾及客户的利益,成功地将产品营销出去,营销人员就必须掌握以下几方面的要点。

第一,站在客户的立场上思考和行动

当营销人员站在客户的立场去考虑问题时,才能理解客户的观点,知道客户需要的是什么,不需要的是什么,而这些恰恰是决定营销是否能成功的关键因素。以为客户着想为原则去行动时,可能需要营销人员放弃眼前利益,这时你不必担心,因为你会因此善举而获得更加长远的利益。

第二,互利互惠,实现双赢

日本日立公司广告课长和田可一曾说:"在现代社会里,消费者是至高无上的,没有一个企业敢蔑视消费者的意志;蔑视消费者,只考虑自己的利益,一切产品都会卖不出去。"因此,营销人员在营

销产品时，应本着双赢的原则，在考虑自身利益的同时，也要考虑客户的利益，只有做到互惠互利，才能营销成功。

第三，尽量为客户省钱

每一位客户都希望能够用最少的钱，买到最合适的产品。所以，处处为客户着想绝不是一句空话，它不仅要求营销人员想客户之所想，急客户之所急，而且还要让客户看到实惠的东西。只有你为他办了实事，而且还最大限度地帮他省了钱，客户才能与你保持长久的合作关系，而你才能由此提高自己的营销业绩。

听不出客户的弦外之音

在主动营销时代，如何发掘和了解客户需求是主动营销成功的重要环节之一。在主动营销过程中，要细心观察客户的穿着、言语、神态等。通过观察来判断客户的消费心理，有效指导下一步的主动营销行为。而营业人员在了解客户需求时，倾听是一个重要的技巧。通过聆听客户的话语，捕捉到主动营销需要的信息。比如客户的抱怨等，这些负面的话语中，其实都蕴涵着潜在的需求信息。在听的时候，不仅要听出客户的表面意思，还要听出客户的"弦外之音"。如果营销人员不能听出客户的弦外之音，不能准确地领会客户的各种肢体语言，就无法做到投其所好，博得客户的好感，成功地将产品营销出去。

人有一张嘴巴、两只耳朵，这似乎是在暗示：用耳朵听的话至少是用嘴巴说的话的两倍。每个人都有自我表现的欲望，希望能得到别人的尊重和爱戴。很多营销人员在工作中也是如此，他们总喜欢陈述自己的产品如何好，自己的公司如何出名。但是，他们却不懂得聆听客户说话，仔细揣摩客户的心思，最终招来的只有客户一句冰冷的"不需要"。

在现实生活中，客户很少直白地把自己的需求表露出来，因为很多需求是隐性的，甚至连他自己也不清楚。有时候客户内心的一些想法，都是在不经意间，通过一些小动作表现出来的。这时候，如果营销人员能够从中提炼出有价值的信息，显然就等于抓住了成功的机会。

从营销人员小张的故事，可以看出她是如何听出客户的弦外之音，从而成功营销的。

小张："您好！请问有什么可以帮到您？"

女客户："你们联通打电话怎么这么贵？"

小张："女士，您先别着急好吗？我马上帮您查一下。请问您是上个月话费比较高吗？"

女客户："是的。"

小张："那请报一下您的电话号码，好吗？"

女客户："130××××××××。"

小张："130××××××××，是吗？"

女客户："嗯。"

小张："请出示一下您的身份证好吗？"

经过查询，原来这位女士上个月的电话费确实比较高，主要是因为有两个长途电话打到沈阳，每次通话时间都在半

小时以上，而且是直接拨打。"

小张："女士，我给您看了一下。您上个月的电话费的确比平时高，原因主要是有两个长途电话打得时间比较长，其中两个电话都是打到沈阳的。"

女客户："是啊！"

小张："女士，请问您平时打长途多吗？"

女客户："以前不多的，现在主要是儿子到沈阳念大学了，所以要打长途的。"

小张："哦，是这样的。那每次电话，时间还会比较长吧？"

女客户："当然了。"

小张："女士您看，您以后可能每个月都要打长途，每次的时间也挺长，对您现在直接拨打长途来说，这样的费用确实比较高。"

女客户："嗯。"

小张："针对您这样的情况，我们联通现在有一个特别适合您的套餐，特别便宜，全国各地打电话每分钟0.15元，而且还是全国接听免费的，非常划算。这是宣传单页，您可以看一下。"

女客户："我看一下。"

小张："您用这个套餐打长途，肯定特别划算。像您上个月5号这次长途总共打了32分钟，费用是19.2元。而如果您用3G套餐打长途，费用就是4.8元，要比19块划算多了，您说是不是？"

女客户："这么划算啊！那现在就帮我办理一个吧。"

就这样，小张成功营销了一个 3G 号码。营销成功的关键，是她听出了客户的"弦外之音"——感觉话费有点贵，既需要通话还想要省钱。

其实，通过倾听可以了解客户很多的信息，比如客户询问长途有何优惠，就必须了解客户是需要拨打国内长途还是国际长途电话，每次拨打多长时间，话费结构如何，是长途电话多还是市内电话多等。所以，要想在主动营销的过程中有效提问，首先营销人员要透彻了解各类产品，才知道应该问什么；其次营销人员应在日常工作中注意积累经验，先初步确定向客户推荐的产品，然后通过分析客户的需求，引导客户使用该产品，实现成功营销。

弦外之音中可能隐藏着重大的机遇，一旦突破了表面的阻碍，那么交易就会水到渠成。要听出客户的弦外之音，前提是做客户的最佳听众，妥善处理好与客户的关系。

对于营销人员而言，想听懂客户话语间隐含的信息，不妨从以下几个方面寻找突破口。

第一，读懂客户的肢体语言

有时候客户的一些想法不好明说，总会通过表情及其他身体动作来表现。例如客户在谈到使用××产品时，表现出不满或无奈，实际上机会就在其中，客户的"弦外之音"是：如果有一种产品能比××产品更好的话，他一定会选择这种产品。这时候你就要把这个极有价值的信息提炼出来，提出解决这些问题的方案。

第二，客户含混不清的语句中可能另有玄机

如果客户对产品没有兴趣，往往会直接表态，说明自己不需要；如果客户对产品明明有兴趣，却迟迟不下订单，其中可能就有原因。比如，某客户为了商务活动来店里选择礼品，营销人员推荐了一款非常特别的玛瑙棋子，客户非常喜欢，但总是问还有没有其他的。营销人员马上意识到客户喜欢这类的礼品，但玛瑙棋子的价格有些贵，于是，他立即为客户选择了其他具有文化品位的礼品，而客户也欣然地下了订单。

总之，营销人员与客户沟通的时候，一定要注意细节之处，不能只强调产品有多好，还要懂点心理学，会察言观色，研究客户的真实心理，从而迎合客户的需求，达到交易的目的。

无意中伤害了客户自尊

在人与人的交流中，人们都有自尊心，它通常表现为希望得到他人的认可、尊重和赞扬等。营销活动的基础就是与人交流，如果你能在营销过程中满足客户的这种心理，你的业绩就一定会比其他人高。

客户需要的关怀是无微不至的，在向客户营销的时候，也要时刻关怀客户的心理需求，要站在客户的角度替他考虑。别小看你的每个客户，即使是小客户也有大自尊，如果你懂得恰当地利用客户的自尊，他们就有可能变成你的客户。

某地一家筷子厂正在进行内部改造和扩建施工，他们贴出的标语是"开办本地最大的筷子生产基地"。于是许多加工筷子机械的厂商都向该厂营销自己的产品，话里话外都在夸耀自己的机械多么好，结果该厂管理人看都没看他们的机械，这让几家厂商感到沮丧。期间，有一家厂商的营销人员也给这家筷子厂的管理人员打电话，他对筷子厂的管理人说："我们厂刚刚生产了一批新型筷子加工机械，第一批成品已经上市，客户反馈的消息都不错。虽然这样，可是我们还是想进一步改良这批机械，听说您是这方面的专家，有实践经验，又懂理论知识，所以我们想请您在百忙之中光临我厂帮忙检验一下这批设备，并向我们提出一些改良的意见。我们知道您现在很忙，但我们殷切地盼望您能抽些时间来看一下我们的机械。"筷子厂的管理人接到电话后，感到很自豪，立刻让秘书安排时间前去指导。

　　他到了那家工厂，认真检验了那批新型机器后，就开始举办"技术讲座和指导"，厂长把全厂管理人员和所有技术人员都叫来听这个管理人员的讲座。讲座接近尾声时，他还兴致勃勃地"顺便"介绍了一下对这批机器的评价和自己丰富的经验。讲座结束后，他对在场的人说道："贵厂这种谦虚、诚恳和精益求精的精神实在可贵，我们厂需要的正是这样的合作伙伴，现在我决定订购一批贵厂的新型机器。如果使用后觉得合适，我们将再订购一批机器用于扩建的工厂。"

　　等他回到自己的筷子厂后，秘书对他说："这家厂商真会营销，那么多比他们厂有名气的产品您没买，却买了他们

避免营销中的低级错误

的。"管理人员却回答:"他们没向我营销什么机器,只是让我去给他们指导一下工作。期间可没有一个人向我营销这批机器,是我自己认为机器的性价比合理才购买的。"

由上面的故事可以看出,用恰当的方式让客户感受到被尊重是营销的一种最佳方式,这样不但能有效地拆除客户的心理防线,还能使客户在获得满足和自我炫耀心理的同时与你做朋友,这样,你就会多一个长久的客户。

古人云:"良言一句三冬暖,恶语半字六月寒。"这句话道出了语言的重要作用。若是在营销时能顺应客户说些中听的话,必定会赢得客户的心;如果总是直抒己见,不考虑别人的感受,也一定会因得罪客户而失去生意。

要知道,营销人员工作的过程就是与客户沟通交流的过程,是营销人员通过自己的语言和行动得到对方的信任,进而让对方购买自己的产品或服务。在与客户直接交谈时,营销人员必须十分注重自己的言行举止,一旦自己"不拘小节",就很可能因为某一句话或是某个不经意的眼神而伤到客户的自尊心,因此丧失潜在的客户,甚至是已经说服了的准客户。

营销人员与客户进行沟通时,一定要注意使用得体的语言,因为有时一句不经意的口误,就可能伤害到客户的自尊。若是说话的语气中带有讽刺和贬低的味道,更是错上加错,这可能会导致客户不悦甚至气愤地离开。只要客户对营销人员的说话方式产生不满,无论怎么努力地营销,也难以顺利地实现交易。因此,营销人员在营销过程中,一定要管好自己的嘴,清楚哪些话可以说,哪些话不该说。如果不懂得禁忌，那么营销就会失败。

一般来讲，营销人员在和客户的谈话中，一定要记住以下几个方面。

第一，不要用质问的口气对客户说话

营销人员若想赢得客户的青睐与赞赏，一定要理解并尊重客户的思想和观点，千万不能采用质问的方式来和客户谈话。因为用质问或者审讯的口气与客户谈话，很容易伤害客户的感情和自尊心。

第二，不要用命令的口气对客户说话

营销人员在与客户交谈时，一定要面带微笑，态度和蔼，说话轻声一点儿，语气柔和一点儿，不要用命令和批示的口吻与人交谈。因为营销人员不是客户的领导和上级，也无权对客户指手画脚，下命令或指示。

第三，不要太过直白地与客户沟通

俗语说："打人不打脸，揭人不揭短。"营销人员与客户沟通时，如果发现客户在认识上有不妥的地方，不要直截了当地指出。人们最忌讳在众人面前丢脸、难堪，营销人员要掌握与人沟通的艺术。客户成千上万、千差万别，他们的知识和见解都不尽相同，因此一定要做到言之有物，因人施语，委婉地表达自己的认识。

第四，不要在客户面前炫耀

营销人员与客户沟通谈到自己时，一定要实事求是地介绍自己，切忌忘乎所以地炫耀自己的出身、学识、财富、地位、业绩和收入等，

这样就会人为地造成双方的隔阂与距离。如果你一而再、再而三地炫耀自己的收入，客户就会感到你向他营销产品就是为了赚钱。

第五，不要批评客户的缺点

每个人难免有缺点，营销人员在与客户沟通时，即便发现对方身上有不足之处，也不要当面批评和教育，更不能大声地指责，否则客户就会对营销人员产生反感和怨恨的情绪。与客户交谈要多言赞美，但赞美的尺度也要掌握好，以免使客户觉得你的言语太虚伪。如果要指出对方的缺点，也要采用旁敲侧击的方式。

第六，不要用冷漠的语言对待客户

与客户谈话，态度一定要热情，语言一定要真诚，言谈举止都要流露出真情实感，要情真意切、话贵情真。这种"情"是营销人员的真情实感，只有用自己的真情才能换来对方的情感共鸣。在谈话中，冷淡必然会造成冷场，而冷场也必定会使业务泡汤。

总之，得体的语言能够让营销人员受到客户的青睐，所以营销人员在与客户谈话时，一定要讲究语言表达技巧，千万别因为口无遮拦伤了客户的自尊而丢了生意，这显然是得不偿失的，况且这也是营销人员最不该犯的低级错误。

不懂赞美客户的重要性

有些营销人员在营销过程中，顺利地找到了目标客户，报价也很低，却仍然无法成功把产品营销出去。这是因为他们在营销时只顾夸奖自己的产品好，服务周到，却忘记了去赞美客户，不会寻找客户的优点，甚至认为赞美客户就是奉承，这显然会让营销的效果大打折扣。我们都知道，向陌生的客户进行营销，难免会显得有些唐突，而且很容易招致客户的冷遇，甚至是反感和拒绝。但是，如果营销人员能够运用恰当的口才技巧，真诚地赞美和恭维客户，再提出相关的问题，随后的营销过程也就会顺利得多。

有一位经理，在创业年代经历了艰苦的奋斗，尽管现在事业有成，但仍旧保持着简朴的习惯。他的汽车已经开了很多年，一直也舍不得换新车。他这样的人，就是各汽车营销公司最好的潜在客户。但是很长一段时间里，都没有人能成功地向他出售一辆汽车，原因就在于那些营销人员有的对他说："您这辆车子太旧了，跟您的身份不符。"有的对他说："您这破车三天两头就要修理，修理费得用多少啊。"这类话让这位经理听了心里很不舒服。

一天，一位营销高手找到了这位经理，他这样对经理说："您的车子还能再用好几年，现在换了新车是有点可惜。不过，这辆车能够行驶12万英里，您开车的技术真是高明啊！"接着，营销人员向经理介绍了一款车，说车的性价比很高，售后服务也非常周到。最后，那位经理决定就买这位营销人员推荐的那款车。

对于营销人员来说，赞美他人是一种必备的沟通技能。案例中的营销人员，尽管语言中含有车子太旧的意思，但他却借助夸奖这

避免营销中的低级错误

位经理的话中巧妙地说出了这一点,经理最后会购买该营销人员的汽车也就不足为奇了。赞美的话人人爱听,恰当地赞美并非是阿谀奉承,而是一种真诚的流露。如果你能对你的客户适当地表达一下自己的赞美之情,相信客户也会很欣赏你,被你的真诚赞美所感动。如果营销人员能够善意地承认并称赞客户的优点,那么客户感到愉悦之余,通常会做出购买决定。

那么,赞美的话究竟该怎样去说呢?

第一,根据客户的性别、年龄,选择不同的赞美方式

如果客户是女性,赞美要从其衣着开始。如果在称赞之后还能说出具体理由,如:"这件衣服的颜色真适合您!""您穿这件衣服真是太显气质了!"这样的话就更容易打动客户;如果客户是老年人,那不妨多多赞美他引以为豪的过去;对于年轻人,可以赞美他的创造才能和开拓精神,并举出几点实例,证明他的确能够前程似锦。

第二,借用他人的言辞进行赞美

想要赞美更有说服力,避免轻浮、奉承之嫌,有时不妨借第三者的言辞来对客户进行赞美。比如说:"王经理,您好!我是赵先生的朋友,经常听他提起您,说您聪明能干,不到40岁自己就开了家大公司,而且管理得也很好。今天我来的目的就是向您介绍一下公司的职工意外健康保险……"

第三,称赞管理者的个人成就

如果你的客户是企业的管理者,那么在赞美对方的时候,最好

从他的个人成就入手。比如："王总,您取得了这么大的成就,工作还这么努力,我得好好地向您学习呀!""董事长,这个行业的人都说您是采购领域的专家。""久仰大名,今天能够见到您,我感到非常荣幸。"……

第四,赞美客户的公司

如果营销人员对客户的情况了解甚少,不知从何处对其进行赞美,那不妨把赞美对象转移到客户的公司上,毕竟事业有成的人都会为之骄傲和自豪。你不妨这样说:"贵公司是家颇有历史的公司,外界对贵公司的评价也很高。""贵公司的规模在行业里也是佼佼者,很多同行都说要迎头赶上,但结果不仅没赶上,反而和你们的距离越来越远。""听说贵公司的产品管理在这个行业里做得非常好,不仅产品周转率高,而且不良库存为零,其他单位一直都无法追赶上,真是令人羡慕啊。""贵公司是本地区高收益企业的典型代表,大家对贵公司的评价都非常好。"……

最后还要强调一点,虽然人们都喜欢听赞美的话,但也不是任何赞美都能使对方高兴。一般来说,能够引起被赞美者好感的只能是那些基于事实、发自内心的赞美。如果是毫无根据、虚情假意的赞美,只会令人感到莫名其妙,甚至产生反感。

既然说好话可以让别人开心,自己又不会因此受损,那么营销人员何乐而不为呢?如果照这一准则展开工作,你几乎不会再遇到麻烦;如果你对此坚持不懈,它一定会给你带来意想不到的收益。

避免营销中的低级错误

不会主动向客户提问

营销中的提问非常重要，如果营销人员不懂得主动向客户提问，不能深入地了解客户的心理，就会陷入被动，因而无法正确地评价和揣测客户对自己的信任度以及对产品的喜好程度，不能让洽谈顺利进行下去，最终导致营销失败。

对于营销人员来说，向客户介绍产品并解释相关问题，说明服务事项，是最基本的职责。但是，有一些营销人员在营销产品的时候过于"投入"，只顾着介绍产品，却不向客户提出问题和要求，这样的营销人员是不合格的，而这样的营销方式也不可能为其带来好的业绩。

有两家卖拉面的小店，左边的店和右边的店每天的客人差不多，都是川流不息，人进人出。然而，到了晚上结算的时候，左边的这家却总是比右边的那家多出几百元，而且长期如此。

当客人走进右边那个面馆时，服务员总是微笑着迎上去，招呼客人点餐。有些客人在点拉面的时候会问道："能加香肠吗？"服务员说可以，然后为客人在面中加上一个香肠。不过，主动要求加香肠的客人很少。

当客人走进左边的那个小店，服务小姐也是微笑着迎上前，问道："拉面是加一个香肠还是两个香肠？"客人笑着说："加一个。"爱吃香肠的就说加两个，不爱吃的就说加一个。当然也有要求不加的，但是很少。

就这样一天下来，左边的小店就要比右边那个多卖出很多香肠，所赚的钱自然也就多了。

故事中的两个小店，经营着相同的生意，面对着同样多的客户，但营业额却有着不小的差异。认真观察不难发现，第一个店的服务员是等待客人说出自己的要求；而第二店的服务员却是主动地进行提问，而且还用了很巧妙的询问方式，把话题巧妙地引到客户的实际需求上，结果使得店里的营业额比另一个店高出很多。由此可见，在营销过程中，营销人员应当主动向客户提出问题，会引起客户的注意和兴趣，引导客户去思考，并顺利地转入正式面谈阶段。

在营销的过程中，客户不可能什么问题都没有。如果真的是什么问题都不提，也只能说明一点，那就是客户对产品不感兴趣。只有那些有问题的客户才能和营销人员达成交易。但是，如果营销人员只是被动地接受客户的询问，也不是营销的好办法，这样就会丧失主动性，被买方牵着鼻子走，很容易陷入混乱，导致洽谈无法顺利地进行下去。通过主动提问，引导客户说出对产品的看法和意见，化被动接受询问为主动积极提问，有效地提高成交概率。

那么，到底该如何向客户提问才能够实现有效的营销呢？在提问的时候又该注意些什么呢？下面列举了一些提问的方法和技巧，营销人员不妨一试。

第一，让客户说"是"

营销人员在提问题的时候，应当让客户对其营销说明中所提出的一系列问题，连续地回答"是"，到了签订订单时，就会造成有利

的局面，让客户再做一次肯定答复。比如，当营销人员要寻求客源，事先未打招呼就打电话给新客户时，不妨这样说："很乐意和您谈一次，提高贵公司的营业额对您一定很重要，是不是？"

对于这样的提问，没有人会说"无所谓"，得到的答案基本上是"是"。

接下来，营销人员便可以继续说："好，我想向您介绍我们的产品，它可以帮助您达到目标。您一定很想达到自己的目标，对不对？"这样的提问方式就会让客户一"是"到底。

第二，开放性提问

在营销的过程中，营销人员向客户提出问题时，应尽量避免问一些客户只用"是"或"否"就能够回答的问题，而是要多提一些客户需要用很多的语言才能解释的问题，这种问题就是我们通常所说的"开放式问题"。由于这种提问方式需要客户做出大量的解释和说明，营销人员就可以从客户的回答中获得有价值的信息，而且只需相对较少的问题就可以达到目的。

通常，开放性问题有以下几种典型问法："我们怎样做才能满足您的要求？""您希望这件事最终得到怎样的解决才算合理？""您遇上了什么麻烦？""您对我们有什么建议？""您对这种产品有哪些看法？""哪些问题令您经常感到头疼？""您觉得这种产品的哪些优势最吸引您？"……

第三，注意重复、停顿和反问

营销人员对客户进行提问时，如果对方没有回答，没有搞清楚什么意思,或对你说的事情没有高度重视时,你务必要重复一遍问题。而且,在提问后一定要停顿一下,给客户留下足够的回答空间。一般来说,营销人员可以在提问之后马上停顿,眼睛注视客户,颔首微笑,直到客户说出他所要听的信息。另外,当对方问了一些你觉得不好直接回答的问题,你可以反问对方,巧妙地回避尴尬的情景。

第四,再问一遍

把前面问过的问题在后面的谈话中再问一遍,如果对方不回答就再问。有很多营销新手不懂这个,每次连续问几个问题,人家不知道回答哪个,要不就是问一个问题但客户没有给他回应,然后他就又问另外的问题,这样一来,客户基本上是没有心情听你讲话的,带动不了他的成交情绪。营销人员必须明白一点,客户购买产品的同时还要从中得到精神上的享受。

提问题既然要有技巧,也就必然涉及一些需要注意的事项。一是提问时必须保持礼貌和谨慎。营销人员在和客户沟通的时候,提问必须保持礼貌,不要给客户留下不被尊重和不被关心的印象。另外,提问之前也要谨慎思考,千万不能漫无目的地信口开河,得罪客户。二是不要打断客户的话。客户在说话时不喜欢被鲁莽地打断,更不喜欢听那些带有某种企图的营销人员在那里喋喋不休地夸奖自己的产品。三是问题必须切中实质。营销人员应该根据实际情况针对最根本的营销目标进行逐步分解,并根据分解之后的小目标考虑好具体的提问方式。这样不仅能够避免因谈论一些无聊话题而浪费彼此的时间,还能够循序渐进地实现各级目标。四是要敢于尝试,敢于多问。尝试运用各种问话技巧,向客户多提言之有物的问题,让客

户打开心扉真诚地和你交流。

总而言之,营销人员如果把握了提问的技巧,就可以有效地把握住客户的需求,减少与客户之间的误会。同时,也能够掌控谈判的进程,利用有针对性的提问来逐步达到自己的营销目的。

忽略开场白的作用

恰当得体的开场白是开启成功营销的钥匙。然而,很多营销人员却忽视了开场白的作用,习惯用老一套的说话方式与客户沟通,无法吸引他们的注意力,反倒令客户感到厌烦,进而失去与其进行深入交谈的机会,使自己的营销工作举步维艰。

对于每个营销人员来说,想要谈成一笔生意,必须在一开始与客户交谈时就用恰当得体的开场白,吸引对方的注意力,让他们乐于和自己继续交谈下去。可惜的是,现实中很多营销人员忽略了这一点,他们在访问客户的时候,往往会采用循规蹈矩的开场白,开门见山地报出自己的姓名和来意。这样的开场白缺乏新意,千篇一律,枯燥无味,客户听得耳朵都起了茧子,根本不可能与之进行深入交谈。

> 周立是某科技公司业务部的营销人员,眼看三个月的试用期就快结束了,周立却一笔生意也没谈成。同样和周立一起进入公司的同事郑方却不同,他每个月都能出一两个大单,这让周立觉得很不解。自己每天打上百个电话,而郑方每天打电话的量却比自己少得多,这是怎么回事呢?

后来，周立发现不是打电话的数量出了问题，而是自己打电话的开场白有问题。

周立观察郑方给客户打电话的情景，他发现郑方拿起电话后并没有像自己那样，直接向客户介绍说："我是××单位的某某营销人员，我们公司成立了十年……"而是先对客户赞赏一番，接着就告诉客户公司的产品能为他带来多大的益处。周立没想到，客户不仅没有匆匆挂断电话，反倒和郑方在电话里谈了近20分钟。之后，周立也开始向郑方学习这些与客户交谈的技巧，果然没过多久，周立也凭借出色的开场白谈成了一笔不小的生意。

周立的经历是多数营销人员都曾有过的，一些刚刚踏上营销岗位的新人更是如此，每当拿起电话或是上门介绍服务时，都会说一些枯燥的开场白。

这样的开场白有几种。如："您好，我是××公司的周立，我们公司专门营销印刷业专用的机械设备，不晓得您是否曾经听说我们公司？""您好，我是××公司的周立，我们专门营销印刷业专用的机械设备，请问你们公司现在使用哪一类型的电脑设备？""您好，我是××公司的周立，几天前我寄了一些资料给您，您收到了吗？""您好，我是××公司的周立，我们的专长是提供适合贵公司的印刷机械设备，您现在有空吗？我想花一点时间和您讨论。"

营销人员不妨换位思考一下：如果你是客户，每天接到诸多营销的电话，每次通话都会听见上面这些话，你会不会觉得烦？你是否每一次都会耐心地听对方介绍产品和服务？肯定不会。专家在研究

营销心理时发现,洽谈中的客户在刚开始的几秒钟所获得的刺激信号,通常都比之后10分钟里所获得的要深刻。这就表明,开场白的好与坏,直接影响到营销的成败。多数客户在听营销人员第一句话的时候,总是比听后面的话要认真,听完第一句话他们就会做出决定,是要继续谈下去还是尽快打发营销人员上路,或者干脆挂断电话。

想要从一开始就抓住客户的注意力,就必须省去那些空泛的言辞以及多余的寒暄,要防止客户走神或是考虑其他问题,就必须在开场白上多下点工夫。开始几句话一定要选择非说不可的关键问题,表述时也要生动有力,简洁清晰。

下面是一些经典的开场白,营销人员不妨在工作中运用一下,也许就能帮你打动客户的心。

客户:"我没时间!"营销人员:"我理解,我也老是时间不够用。不过只要3分钟,你就会相信,这是个对你绝对重要的议题……"

客户:"我现在没空!"营销人员:"先生,美国富豪洛克菲勒说过,每个月花一天时间在钱上好好盘算,要比整整30天都工作来得重要!我们只要花25分钟的时间!麻烦你定个日子,选个你方便的时间,我去拜访您!"

客户:"我没兴趣。"营销人员:"是,我完全理解,对一个谈不上相信或者手上没有什么资料的事情,你当然不可能立刻产生兴趣,有疑虑、有问题是十分自然的,让我为你解说一下吧,星期几合适呢?"

客户:"我没兴趣参加!"营销人员:"我非常理解,先生,要你对不晓得有什么好处的东西感兴趣实在是强人所难。正因为如此,我才想向你亲自报告或说明。星期一或者星期二过来看你,行吗?"

客户:"请你把资料寄过来给我怎么样?"营销人员:"先生,我们的资料都是精心设计的纲要和草案，必须配合人员的说明，而且要对每一位客户按个人情况再做修订，等于是量体裁衣。所以最好是我星期一或者星期二过来看你。你看上午还是下午比较好？"

客户："抱歉，我没有钱！"营销人员就应该说："先生，我知道只有你才最了解自己的财务状况。不过，现在制定个全盘规划，对将来才会最有利！我可以在星期一或者星期二过来拜访吗？"或者是说："我了解。要什么有什么的人毕竟不多，正因如此，我们现在开始选一种方法，用最少的资金创造最大的利润，这不是对未来的最好保障吗？在这方面，我愿意贡献一己之力，可不可以下星期三，或者周末来拜见您呢？"

客户："我们会再跟你联络！"营销人员："先生，也许你目前不会有什么太大的意愿，不过，我还是很乐意让你了解，要是能参与这项业务。对你会大有裨益！"

客户："说来说去，还是要营销东西？"营销人员："我当然是很想营销东西给你了，不过是要能带给值得你期望的，才会卖给你。有关这一点，我们要不要一起讨论研究看看？下星期一我来看你？还是你觉得我星期五过来比较好？"

客户："我要先好好想想。"营销人员："先生，其实相关的重点我们不是已经讨论过吗？容我直率地问一问：'你顾虑的是什么？'"

类似的拒绝自然还有很多，我们肯定无法一一列举出来，但是，处理的方法还是一样，就是要把拒绝转化为肯定，让客户拒绝的意愿动摇，营销人员就趁机跟进，诱使客户接受自己的建议。

有人曾把开场白比喻为"乐器定调"，一个乐器演奏的音乐是否动听，是否合乎音律，跟演奏乐器的人有很大的关系，但跟一个好

的调音师也有着莫大的关系。在营销的过程中，营销人既是演奏乐器者，又是调音师。

在与客户见面或电话拜访时，营销人员一定要注重开场白的运用，因为精彩的开场白可以给客户留下深刻的印象，吸引他们聆听下面的"音乐"，对促进成交的进程非常有利。另外，需要提醒营销人员一点，在开场白中一定要避免一些敏感性的话题，比如宗教信仰、政治立场看法的问题，也不要谈有欠风度的话题，不要谈他人的隐私，因为某些内容很可能会碰触客户的禁忌，令其产生反感。

总之，每一位营销人员都应当重视开场白的作用，并努力提高自己的语言表达能力和营销技巧，只有这样才能迈向成功。

第四章 忽略营销细节

一个想要取得卓越成绩的营销人员，就应该学会约束自己的一言一行，把握好每一个细节，别让自己在关键时刻出现失误。

不注重个人形象

营销界有这样一句话："营销产品先要营销自己。"所谓的形象，包括营销人员的衣着打扮、举止和礼仪等。一个穿戴整洁、举止有礼的营销人员容易赢得客户的信任和好感，而一个衣冠不整、举止粗鲁的营销人员则会给客户留下糟糕的印象。

郑小姐在一家国内的公司里工作。有一回，上级派她代表公司前往南方某城市，参加一个大型的外贸商品洽谈会。为了给外商留下良好印象，郑小姐在洽谈会上专门穿上了一件粉色的上衣和一条蓝色的裙裤。然而，正是她新置的这身服装，使不少外商对她敬而远之，甚至连跟她正面接触一下都很不情愿。

原来问题在于，国外商界人士的着装，一向讲究男女有别。崇尚传统的商界人士一直坚持认为：在正式场合穿裤装的女性，大都是不务正业之徒。换而言之，营销人员在正式

场合的着装,唯独以裙装为佳,各种裤装都是不宜选择的。

形象对营销人员来说是极其重要的。要想成为优秀的营销人员,首先就要塑造良好的个人形象。

第一,留好第一印象

人总是先看外表,形象关系到给客户留下的第一印象。作为营销人员,如果不注重仪表,那么,客户就会对你和你要营销的产品失去兴趣。美国营销大师法兰克·贝格说过:"外表的魅力可以让你处处受欢迎,不修边幅的营销人员给人留下第一印象时就失去了主动。"因此,优秀的营销人员都十分注意自己的仪表,以给客户留下最好的第一印象。

第二,装扮得体

营销行业处处以貌取人,衣着打扮、品位和格调高的代理人,往往占尽先机。然而,这并不意味着打扮越华丽越好,对营销人员来说,最重要的是打扮适宜得体,这样才能得到客户的信任和好感。可以说,注意着装是成功营销人员的基本素养。

第三,带上微笑

微笑是与人交流最好的方式,也是个人礼仪的最佳体现,对于营销人员来说,更为重要。"非笑莫开店"、"面带三分笑,生意跑不掉"都在告诉我们,以微笑迎接客户,给客户一个好心情,这样与客户洽谈才会容易成功。

第四，举止有礼

行为举止是一种无声的语言，是一个人性格、修养的外在体现，它会直接影响到客户的观感和评价。因此，营销人员在客户面前一定要做到举止高雅，坐、立、行都要大方得体。

第五，不忽略约会礼仪

在开展业务过程中，约见客户是个非常重要的环节。掌握必要的约会礼仪，才能够在与客户接触过程中，让他对你产生信赖和好感，这对开展业务能否成功，起着关键的促进作用。

第六，学会倾听

成功学大师卡耐基认为：倾听是一种典型的攻心战略。一个不懂得倾听，只是滔滔不绝、夸夸其谈的营销人员不仅无法得知客户的各种信息，还会引起客户的反感，导致营销失败。认真倾听客户讲话，是赢得客户的一种非常有效的办法。每一位营销人员都应学着少说多听，这是获得订单的捷径。

第七，言谈有礼

营销是说服的艺术。营销人员必须学会面对不同营销市场和营销对象，这就对营销人员的语言提出了要求。不仅是"善谈"，更主要的还要有"礼节"，言谈有礼往往决定了营销人员的业绩。

第八，订单不成礼节在

大多数营销人员都能够做到向客户营销时彬彬有礼，但在业务

没谈成，离开客户时依然保持风度却不是每个营销人员都能做到的。

古人云："生意不成情义在。"这是一个营销人员的基本素养，事实上也存在着下一次机会。这一次的不成功，自然可以成为下一次成功的伏笔，把一个良好形象深深地印在客户的脑海里，甚至比做成一笔生意重要得多，因为业务是永远做不完的。

对产品知识缺乏了解

客户有权利了解相关的产品知识，而作为一名营销人员，你有义务帮助客户弄清产品的相关情况。倘若营销人员一问三不知，很难在客户中建立信任感。因此，要先充实自己，多阅读资料，并参考相关信息，做一位产品专家，才能赢得客户的信任。

许多刚出道不久的营销人员，甚至已有多年营销经验的业务代表，都会担心客户提出他们不能回答的问题。这就更需要产品知识来增加勇气。对产品知识知道得越多，工作时底气越足，让你更容易赢得客户的信任。

第一，了解产品相关情况是客户的需求

虽然不断增加的产品功能和不断细分的市场有助于满足客户全方位、深层次的需求，但是面对越来越多的同类商品，客户在需求被满足之前恐怕首先面对的是迷惑和困扰，也就是来自对产品各种情况的不了解。

任何一位客户在购买某一产品之前都希望自己掌握尽可能多的相关信息，因为掌握的信息越充分、越真实，客户就越可能购买到

更适合自己的产品,而且他们在购买过程中也就更有信心。可是,很多时候客户都不可能了解太多的产品信息,这就为客户的购买造成了许多不便和担忧。比如,不了解产品的用法,不知道某些功能的实际用途,不了解不同品牌和规格的产品之间的具体差异等。对产品的了解程度越低,客户购买产品的决心也就越小,即使他们在一时的感情冲动之下购买了该产品,也可能会在购买之后后悔。

第二,了解相关产品知识是营销人员的基本职责

客户在购买产品之前有了解更多产品知识的需求,而且这也是他们的权利。面对客户的这一基本需求,身为营销人员自然有责任使之得到满足。因为,如果营销人员连这一基本需求都不能满足的话,客户就无法了解哪些产品才是自己所需要的和适合自己的,最终就不会做出购买产品的决定。

从某种意义上说,营销人员的工作是通过自己的商品知识为客户创造利益,协助客户解决问题。为此,营销人员必须坚持不懈地、全方位地、深层次地掌握充分而专业的产品知识。

第三,熟悉产品的基本特征

熟悉本公司产品的基本特征,这实际上是营销人员的一项基本素质,也是成为一名合格营销人员的基本条件。

所以,在分析产品的基本构成情况时,营销人员的表现更应该像一个专业而沉稳的工程师,应该客观冷静地向客户表明产品的构成、技术特征、目前的技术水平在业界的地位等。

此时,营销人员对产品的基本构成分析得越是全面和深入,表

现得越是从容镇定,给客户留下的印象就越是专业和可靠。建立在这一基础之上的沟通就会比喋喋不休地对产品进行华而不实的宣传顺畅得多。

第四,熟悉产品为客户带来的价值

所有的客户在购买产品时都会关注产品为自己带来的价值,没有价值的产品,客户是不会考虑购买的。所以,营销人员必须站在客户的立场上,深入挖掘自己所营销的产品到底能为客户提供什么样的价值,以及多大的价值。如果营销人员本身都弄不清楚产品的实际价值,那么客户自然不会对这样的产品抱有任何信心。

产品为客户带来的价值包括这样几个方面:一是产品的品牌价值。随着品牌意识的普及和提高,对于很多领域内的产品,客户都比过去更加注重产品的品牌知名度。二是性价比。性价比是理智的客户购买产品时考虑的一个重要因素,在购买某些价格相对较高的产品时,客户对这一因素的考虑将更加深入。三是产品的服务特征。产品的售后服务已经越来越受到人们的普遍关注,可是产品的服务绝不仅仅指售后服务,还应该包括营销前的服务和营销过程中的服务。四是产品的特殊优势。比如,产品蕴涵的某种新型科技含量、在新功能上的创新等。

第五,熟知竞争对手的相关信息

市场竞争的严峻性不仅引起了商家的警觉和注意,客户也已经注意到了日趋严重的产品同质化现象。面对越来越多品种的同类产品,客户无法一一对不同厂家的产品进行了解,于是,他们就会向某一公司的营销人员打听另外一家公司的情况。此时，如果营销人员对市场上经常出现的竞争对手不加以留心的话，就无法向客户提供满意的答复。

其实，了解竞争对手的相关信息，这不仅是应付客户提问的需要，也是营销人员更全面地把握本企业产品的需要。如果没有与竞争对手各项情况的比较，营销人员就无法明确本企业产品的竞争优势，从而也无法向客户传递出最有效的产品价值特点。

第六，不断了解产品的相关动态

对相关的产品知识进行专业、广泛而深入的了解，这并非代表仅仅了解产品的静态规格与特性就可以了。营销人员对产品相关知识的掌握其实是一个动态的过程，营销人员必须不断地取得和商品相关的各种信息，并且学会从累积的各种信息中筛选出对客户的效用最大信息，从而最大限度地满足客户的需求。

营销人员掌握这些动态产品信息的主要渠道是从企业的相关部门、同事、客户以及自己对产品的科学分析。如果营销人员不能及时地掌握产品的相关动态信息，那么很快就会在客户不断改变和增长的需求面前遭到淘汰。只有不断掌握更多的产品动态信息，产品蕴涵的价值才能通过你的营销技巧充分体现出来。

当然，在激烈的市场竞争环境下，很多产品的相关信息几乎每一天、每一分钟都有变化，营销人员很可能对其中的某些信息掌握得不够全面和准确。此时，营销人员应该实事求是地向客户表明事情的真相，不应该为了显示自己的"博学"和"多知"而胡编乱造地欺骗客户。那样的话，只能使客户离你更远。

第七，产品至上，认真塑造产品形象

塑造形象的意识是整个现代营销识的核心。良好的形象和信誉，是企业的一笔无形资产，对于营销人员来说，在客户面前最重要是珍惜信誉、重视形象。

对于任何经销商而言，确立塑造形象的意识是筹划一切营销活动的前提与基础。只有塑造良好的形象，才能卓有成效地开展各种类型的宣传推广活动。

营销工作蕴涵的一个重要目的，就是塑造良好的公众形象。公众形象要求以优质的产品、优良的服务以及营销人员良好的言行举止为基础，虚假编造出来的形象也许会存在于一时，但不可能长久存在。

不会合理安排时间

当今，在营销行业普遍存在一种现象，那就是大部分营销人员不会合理安排时间，致使精神一直处在高度紧张状态，早出晚归，终日忙忙碌碌，但他们的营销业绩却总是没办法因汗水而增加。如何才能确保他们在有限的工作时间内把该做的工作做完、做好呢？这就是技巧的问题。所谓服务有道，贵在得法，科学合理地安排作息时间往往能事半功倍，而且也可以把人从机械的工作中解脱出来。

那么，如何科学的安排工作时间呢？关键是做到这样五点，即清楚你的时间价值，将事情按轻重缓急排序，制定细致的、现实的日程安排，集小成多，自我工作检视。

第一，清楚你的时间价值

美国哲学家富兰克林说："我们不能向别人多借些时间，也不能将时间储藏起来，更不能加倍努力赚钱买一些时间来用。唯一可做的事情就是把时间花掉。"

时间对每个人来说都是公平的，是不可增加、转让、变更和储存的，只有合理地安排时间，对自己的时间进行管理，才能有规律、有步骤地完成每一项工作。作为一名营销人员，必须仔细规划时间，尽量将时间用在营销上，并有效地安排访问次序。只有这样，你才能在"时间就是金钱"的法则中游刃有余，赢得主动。

无论走到哪里，我们都会听到一种抱怨："只要我有更多的时间，我就会……"当问到人们喜欢拥有更多的什么东西时，你会得到各种不同的回答：金钱、假期、家庭生活时间、爱好、教育等。再向他们发问，什么才能使他的生活更轻松？你会得到一致的答案："我需要更多的时间！"是的，每个人对于时间都有永无止境的要求。改变对时间的态度，并清楚你的时间究竟值多少钱，我们不妨计算一下：

假设你每年的收入是8万元，按照每周40小时的工作时间计算，你每年工作2080小时。假如你是做直销工作的，如果你每天有一个小时花费在无收获的活动上，那就意味着一年里你花费了1万元（每天1/8的时间花费了：8万元×1/8＝1万元），却没有从中得到任何东西。但更严重的是，你浪费了你的时间，也浪费了老板的时间；同时，你也失去了那些如果你能有效利用这些时间便会发掘出来的客户和未来的生意。

作为营销人员，你的时间的价位是由你自己决定的，没有任何

公司、任何团体、任何贸易协会、任何人可以支配你每小时的价位。安排好时间可以避免产生消沉情绪。人们很容易迷失目标，但不要着急，每个人都有这种时候，你只需把精力集中在手头的工作上，继续去敲那些门、去打那些电话、去拜访、去尝试每一次机会。

你每天都有24小时，你是把它花掉，还是把它用于投资？真正的营销高手会把每一分钟都用于投资。如果你开车去拜访客户，你可以收听收音机中的广播节目，听听美妙的音乐。

第二，将事情按轻重缓急排序

时间管理就是按照事情的轻重缓急安排时间并确定依次处理事情的方式。以价值为基础的管理是时间管理的核心。按照艾森豪威尔原理，你可以将一天的工作任务根据重要性和紧急性分别进行处理。

紧急又重要的任务立即着手处理；紧急但不太重要的任务可以少做或委派其他人；不紧急但重要的任务，这种任务不需要立即解决，可以先放一放，但必须在短时间内完成，可行的解决方法是将这类任务纳入规划，制定出完成期限；不急也不太重要的任务可以在完成其他任务之后处理。

营销的成功与否，取决于营销人员做了什么以及如何去做。试想，如果一个营销人员的太多时间被无效地花在路途中、等待上，那么不论他多么有技巧，多么富有经验，他的营销业绩也必然会受到影响。把每日应当完成的工作定额加以分类并排列出先后顺序，利用好与客户接触和沟通的每一分钟，才是业绩提升的关键。

第三，制订细致的、现实的日程安排

计划是实现目标的唯一手段。做好计划来管理你每天的工作。无论你从事什么，时间就是你要面对的一切。作为成功的营销人员，你应该意识到一个事实：自己都闲置了多少时间。如果你不知道自己有多少时间，那么，先充分地利用自己所拥有的今天吧。

要警惕因日程安排不当而造成的陷阱，许多营销人员都掉进去过。他们花费很长时间进行细心准备、谋划策略、有条不紊地开展寻找潜在客户的活动。但是，事实绝不是那样顺利。这些人有时看最复杂的有关市场营销日程安排方面的书籍，他们把大量的时间投入到计算机材料档案或搜集索引卡片上。他们分析客户的欲望和需要，把他们的产品介绍个性化并练习如何接近潜在客户。所有这些都是很重要的。但问题是这些人从来不把所有的努力放到实践中去。

在你明确地制订了目标并写下来之后，就该制订时间计划了。晚上睡觉前想想第二天的计划准备好了吗？写下你第二天要做的事情：要打的电话、要会见的人、要执行的任务等与工作有关的事情。再把你生活中的属于其他类别的重要事情添加在单子上。写完之后，把单子放好，忘掉它，开始抓紧时间睡觉。第二天早晨，你可能会出来活动一下，吃早餐的时候再浏览一下你的索引卡或计算机档案材料。一天中要做的都是这些类似的决定。

日程安排是你要达到目的地的一种方法，要允许自己有一定的灵活性，并在你的计划中体现出来。大多数有经验的营销人员在制订计划时，只安排一天中 90% 的时间。时间计划新手应从安排一天的 70% 的时间开始做起，实践经验会使你很快达到专业的水平。计划就是例行公事，专业的营销人员不会把这件事遗忘，它不是日常

的一件琐事，它既是对令人兴奋的一天的总结，也是对更加兴奋的明天的展望。

第四，集小成多

作为一名营销人员，必不可免地会有一部分时间浪费在车上和会客室里。当年的欧阳修读书有"三上"之说，即：马上、厕上、枕上。营销人员应该学习古人的这种精神，把在公交车上和等待经销商的时间都利用起来。了解行业态势，学习产品知识，提升专业技能，既实现了个人的增值又促进了工作的完成！

比如利用等待的时间。你曾经看到过营销人员在等待客户的情景吗？你曾经注意过他们的举动吗？那些高级的营销人员从来不在这个时候阅读杂志，在这种等待会见客户的时候，他们一直会处在工作状态。比如研究关于它们产品的资料，完成拜访报告或者组织营销陈述的材料等。同时，他们会迅速地确定正在等待的购买者在某段合适的时间后是否有空。如果没空，他们会去联系其他的客户。

再如午餐时间，营销人员经常会邀请潜在的客户共进午餐。然而，一项研究结果表明：商务午餐不会直接导致交易的达成，但是这可以使买卖双方之间更好地增加了解，建立双方的信任和信心，从长远来看，这有可能会导致交易成功。

在共进午餐期间，营销人员必须要留意，不要占用对方太多的时间。最好不要养成午餐时饮酒的习惯，否则下午容易缺乏警觉。午餐时间是用来回顾上午所做的事，进一步为下午的工作做计划的阶段，也是放松身心，为下午能够更加精神振奋、更有效率地工作来做准备的时间。

另外，在非营销时间内进行书面记录。记录和报告是营销人员对过去的营销额以及自己的行动所作出的书面记录。坚持一边工作一边作准确的记录。不管有多忙，都不要等到一天结束时才填写你的日志，否则有些事情会被遗漏掉，如电话号码、名字、地址及你将来需要的重要内容。因此，养成随时做记录的习惯对你的事业是有帮助的。

第五，自我工作检视

每一天结束时，回顾一下当天发生的事情。要不断地自问，你当时所做的事情是否最有成效。训练你的思维，使大脑整天重复这个问题。还可以把你的活动写在卡片上，如果有口袋就放在口袋里。总之，无论如何，使这种思维成为一种习惯。

你可以把每个月的第一天当做计划的第一次机会。安排好所有重要的家庭、社会活动，记下重要的日期，如家庭成员生日、友好用户的重大周年纪念日等。把大的事项分解为每周操纵的、每天可做的任务。这样，你就不会被大量的工作所压倒。没有计划，你就不会拥有成效卓著、令人满意的一天！

不注意最佳约见时间

约见时间的安排，直接关系到营销人员计划的成败。但在约见时间的确定上，营销人员一般没有主动权，客户总会根据自己的工作日程，安排适当时间约见。具体会见时间的确定会因约见对象、事由、方式、地点等因素不同而不同。这就要求营销人员在约定会

见客户的时间时注意下列问题。

第一，根据约见对象的特点选择最佳拜访时间

一般情况下，约见的时间应该客随主便，什么时候会见，最好由客户决定。对于约定的时间，营销人员应准时赴约。万一因故不能赴约，应事先向客户表示歉意，同时再约另一个时间会面。

每一位受访的潜在客户，因职业的不同，生活起居会有差异。营销人员要因人而异，作出弹性安排。只有愚笨的营销人员才会只顾自己的方便，率性进行访问，而这种访问遭到拒绝就是情理之中了。只有准客户最空闲的时刻，才是最理想的访问时间。

举例来说：一般的商店，大约在上午七点到八点是最理想的访问时间，因为此种商店的生意一大早最清闲；较晚关门的商店，大都在中午以后才开始营业，深夜才红火，所以恰当的访问时间是下午两点左右；鱼贩与菜贩是一个较特殊的行业，大清早出门采购，非但整个上午忙碌不堪，就是下午四点到六点也是生意兴旺，所以最适宜的访问时间在下午两点左右；医生是特殊行业，大概从上午九点开始，病人就川流不息，因此上午七点到八点应该是适宜的；针对公务人员或公司职员，如果到公司去访问，应该在上午十一点以前，若是住宅的话，适宜在晚上六点到八点；邮局或值班人员，应该在晚上七点到九点之间访问。

上述所列举的都是第一次的理想访问时间。第二次访问时可以视第一次访问的情况更改时间。不过，原则上都应选在下午三点钟左右，这时客户一般较清闲。理由是：通常一个人工作了一天，到了下午三点左右，工作基本告一段落，会觉得有点疲倦，心情也较松懈，内心正企盼有个聊天的对象时，于是你恰到好处地出现了。

见面时可以选择快速节奏的谈话，不提营销，单找些有趣的话题，像连珠炮似的放个五六分钟。当你把潜在客户逗笑，或是多少驱走他的倦意时，你就留下那些有头无尾的话题，然后借故离开。因为全部的谈话时间只有五六分钟，所以不会干扰到客户的工作。这么一来，潜在客户不只会对你印象深刻，还会觉得你挺有意思：一名营销人员居然不提营销，只说了几句笑话就走了，真是可爱啊！从此以后，他就会安心地期待你的再次造访。

第二，根据约见事由选择最佳访问时间

以正式营销为事由的，应选择有利于达成交易的时间进行约见；以市场调查为事由，则应选择市场行情变化较大或客户对商品有特别要求时进行约见；以提供服务为事由，应选择客户需要服务的时间约见，以期达到"雪中送炭"的效果；以收取货款为事由，应先对客户的资金周转状况作一番了解，在其账户上有资金余额时进行约见；以签订正式合同为事由，则应适时把握成交信息及时约见。

第三，根据会见地点来选择最佳拜访时间

一般来说，会见地点定在家中，可以选在晚上约见；定在公司，则必须选择工作时间约见。一旦确定了约见地点和时间，营销人员应提前几分钟到达，显示对对方的尊敬和对营销工作的重视。

第四，根据约见对象的意愿合理安排访问时间长短

一般情况下，拜访客户的时间不宜过长，当访问目的基本达到

避免营销中的低级错误

并且客户对结束约见又有某些暗示时,营销人员应尽快考虑以圆满的方式结束约见,以免使客户产生反感。如有未尽事宜,可以另行约定时间。"马拉松"式的会谈,既达不到访问目的,又可能导致客户心生厌烦,失去争取的机会。

另外,由于约见的事由、对象不一样,约见的地点也应有些讲究。一般可以选择在客户的工作单位、家中、社交场所、公共场所等。具体选择在哪里,应视情况而定。

还有一些现代化的营销手段导致的营销地点变化,如利用招待会、座谈会、订货会、展销会、学术报告会、新闻发布会等进行营销。这些以会议形式举办的营销活动,一般都选在风景名胜地、社交场所,会事先发出邀请信、请帖、出席证、入场券等。目的在于联络感情,相互沟通,增加未来的合作可能。

接近客户时不注意细节

细节决定成败。对于那些在接近客户时不注重细节的营销人员,应该从以下几个方面着手。

第一,信守约定的时间

当客户表示"就从你这儿买吧"的时候,是对你极大的信任。但极大的信任是多次微小信任积累的结果。你必须时时注意每个细节,信守时间就是其中重要一项。

"可以,我今天就给你发出。"一旦答应,即使是口头诺言也一定要照办不误。并且要牢记:一切行动,在时间上都要留有余地,以避免突发情况的发生。

第二，正确地使用名片

营销人员在和客户面谈时，送给客户一张名片，不仅是很好的自我介绍，而且还与客户建立了联系，既方便，又体面。

名片除在面谈时使用外，还有其他一些妙用。例如，去拜访客户，对方不在，可将名片留下，对方回来看到名片，就知道有人来过了；还可以在名片上留言，向客户致意或预约拜访的时间；把注有时间、地点的名片装入信封发出，可以代替正规请帖，又比口头或电话邀请显得正式；向客户赠送一份礼物，如让人转交，则随带名片一张，附几句恭贺之词，无形中关系又深了一层；熟悉的客户家中发生了大事，不便于当面致意，可寄名片一张，省时省事，又不失礼。

第三，举止得当

塑造良好的交际形象，要讲究礼貌与礼节，切实注意举止行为。营销人员到客户办公室或家中，进门时要按门铃或轻声敲门。按铃或敲门的时间不要过长，无人或未经主人允许，不要擅自进入室内。见到客户时，如非事先约定，应向客户表示歉意，然后再说明来意。进入客户办公室或家中，应主动向在场的人都表示问候或点头示意。在客户家中，未经邀请，不能参观住房，即使熟悉的客户，也不要随意翻动室内的书籍、花草、陈设及其他物品。

第四，谈吐大方

谈话是一门值得研究的艺术，俗话说："一句话可以把人说跳，

避免营销中的低级错误

一句话也可以把人说笑。"一个会说话的人,总是到处受欢迎。

态度诚恳热情,表达自然亲切,措辞准确得体,语言文雅谦恭,不含糊其辞、吞吞吐吐,不信口开河、出言不逊,都是交谈的基本原则与礼节。根据营销工作交谈的特点,具体来说,营销人员应注意以下几个方面。

(1)说话的声音要适当。交谈时,音调要明朗,吐字要清晰,语言要有力,频率不要太快。如果营销人员觉得自己的声音不好听,最好每天花五分钟时间来练习发音,不间断地练习一个月,就会有很大改善。

(2)与客户交谈时,应双目注视对方,不要东张西望。说话时可适当作些手势,但不要手舞足蹈,不能用手指人,更不能拉拉扯扯、拍拍打打。与客户保持适当距离,讲话时不要唾沫四溅。

(3)交谈中要给对方说话的机会。在对方说话时,不要轻易打断或插话,应让对方把话说完。如果要打断对方讲话,应先用商量的口气问一声:"请等一下,我可以插一句话吗?""我提个问题好吗?"这样可避免对方产生被轻视或不耐烦等不必要的误解,如对方谈到一些不便谈论的问题,可以转移话题,不要轻易表态。

(4)话要谈得顺畅,要注意他人的禁忌。与客户交谈,一般不要涉及疾病和死亡等不愉快的事情。在喜庆场合,还要避免使用不吉祥的词汇,交谈要避开粗俗之词。不要直接询问客户工资、家庭财产等生活情况。

(5)客户若犯过错误或有某种生理缺陷,言谈中要特别注意避免会损伤对方自尊心的话语。对方不愿谈的问题,不要刨根问底,引起对方反感的问题应表示歉意,立即转移话题。

（6）谈话对象超过三人时，应不时地与在场其他人攀谈几句。不要只把注意力集中到一两个人身上，以免其他人产生冷落感。习惯性的口头禅会使客户产生反感，交谈中要注意避免。交谈要口语化，这会使客户感到自然亲切。

以上虽是一些细节，但客户对营销人员的印象正是由许多细小的环节互相联系、组合在一起形成的。营销人员如果希望自己给客户留下美好的形象，就应该经常注意这些细节，避免举止失当，做到文雅得体。

无法确定谁是成交决策者

拜访客户的目的是为了与客户达成有效的协议，而达成协议的决定权一般掌握在决策人手中。决策人对企业单位而言主要是指公司的负责人、董事长、总经理、厂长等，对于机关事业单位而言主要是党委书记、厅长、局长、处长、主任等。当然也不排除其他人员的辅助作用，但主要的精力还是要放在决策人身上，这样拜访的效率才会大大提高。

一位资深的营销人员讲过这样的故事：

> 有一次，我为一笔希望很大的生意几次去一个客户家拜访，有时甚至谈至深夜。记得有一回，当我从客户家的卫生间出来，走到走廊上，忽然听到一个老人用沉重的语气对我的客户说："说实在的，我不同意。前天他来时，看到我连声招呼都不打，根本没有把我这个老太太放在眼里！我说不

避免营销中的低级错误

买就不买！我活了这么大年纪，从未用过电热毯，不也过得很好吗？而且他的东西那么贵，我可没钱买！"

听到这些话后，我恍然大悟，这个我前天来时都未正眼瞧一瞧的老太太，却是真正的营销伏兵。我做梦也不会想到这个老人有购买决定权。

我再也不能停留下去了，便匆匆告辞。回到家我辗转反侧，不能入睡。怎么办呢？怎样才能缓和老人的反对情绪呢？我被这个问题困扰着。第二天，我路过一家电器商店时，突然灵机一动。对，买床电热毯送给老人家。于是我去户籍处查了资料，得知还有二十天是老人的古稀寿诞，便把绣上电热毯上"恭贺古稀寿辰"的电热毯赠送给了这位一辈子未用过电热毯也活得好好的老人。

不用说，老太太惊喜一场。可对我来说，我掏钱买人情，是对我自己的惩罚。告诫自己今后再不能这么"有眼不识泰山"了。

一个家庭中，究竟是谁具有购买决定权很难说，正常情形是夫妻共商，有时是妻子做主，有时是丈夫做主，有时是丈夫出面谈判，妻子幕后指挥。但大家庭中有时候会伏兵四起，奇兵突袭，从婆婆到小孙子、小姑子，每个人都可能是有决定权的人物。

营销人员不要眼睛只盯着一个人，必须注意他周围的情况，每个人都可能对你洽谈的对象产生影响，即使那个人没有丝毫决定权。这就要求营销人员尽全力了解客户情况。

第一，明确约见对象

在实际营销工作中，营销人员很难一次就成功约见购买决策者，因为购买决策者为方便工作、减少干扰，往往都配备了专门的接待人员负责接待包括营销人员在内的各类人员。

因此，营销人员就必须事先确定一个计划。比如，首先，确定一个适当的初次约见人选，应充分考虑初次约见的人与购买决策者关系的密切程度，以使初次约见能够产生正效应；其次，应取得初次约见人的合作，寻找直接约见购买决策人的机会。但应注意，无论约见何种地位的人，营销人员必须对其一视同仁。一方面，是给约见人一种信任感；另一方面，初次约见的人即使无购买决策权，也往往会对购买决策者产生强大的影响力，尤其对那些训练有素、专业水平高、精明能干的秘书或专业接待人员来说，尊重和信任他们，无疑会给营销人员接近购买决策者提供便利。

第二，尽可能多地了解客户

《孙子·谋攻篇》中说："知己知彼，百战不殆；不知彼而知己，一胜一负；不知彼，不知己，每战必殆。"意思是说，在军事纷争中，既了解敌人，又了解自己，百战都不会失败；不了解敌人而只了解自己，胜败的可能性各半；既不了解敌人，又不了解自己，那只有每战必败的份儿了。

"知己知彼，百战不殆。"这一规律不仅为古今中外的军事家所推崇，它作为一种智慧，一种决策制胜方略，同样适用于社会生活的各个领域。

何谓"彼"，何为"己"呢？从商品营销的角度来说，所谓"己"，

主要是指营销人员自身包含的各种因素,这些因素是全方位的,涵盖了营销的每一环节。所谓"彼",从广义的角度来说,所有的外在条件都属于"彼"的范畴;从狭义的角度来说,"彼"可以特指营销的对象——客户。

对于每一位营销人员来说,首先应当明白一点:客户就是衣食父母、是上帝,应当细致深入地去分析研究、透彻了解、准确把握他们的各种情况,真正做到全盘把握,心中有数。盲目的乱冲乱撞,岂有不做错的道理?

第三,掌握客户的第一手资料

怎样才能有效地实施知己知彼的策略呢?具体运作的办法有许多。最为常用的、最为需要、最为有效的方法之一,便是认真细致做好客户情况调查工作。掌握客户的第一手资料,把它作为营销策略的依据。

人们常说"物以类聚,人以群分"。我们常常听到这样的话:谁与谁说不到一块去,一见面就顶牛;谁与谁很投缘,恨不得能穿一条裤子。说不到一块去就是没有共同的兴趣和爱好,很投缘就是情趣相投。人们一般都喜欢和那些有"共同语言"的人交往,与情趣相左的人交往往往不大容易成功。那么,如果你希望营销成功,就可以从寻找共同爱好切入。如果不幸你没有爱好,不妨花点时间去学习,这是人与人之间交流的基础。如果你知道客户的爱好但自己却不会,那你不妨说:"我总觉得我应该非常喜欢钓鱼,如果我现在开始学,你能告诉我该准备哪些器材吗?"轻松的话题就此打开。下班后去书店买一本钓鱼的书,周末找时间约上你的客户,请他帮你选购器材，一起钓鱼去。因为你也需要放松，换种方式有什么不好呢？

陈阳是北京一家大公司直接负责信息技术（IT）产品采购的副总裁，有很多 IT 行业的营销人员都拼命拜访他，但是都得出一个相同的结论：这个副总裁铁面无私，非常不容易接近。

突然有一天，大家奇怪地发现，陈总把所有的采购订单都给了一个营销人员张楠。原因非常简单：陈总有一个非常特殊的兴趣爱好——弹玻璃球。张楠偶然发现了这个信息以后，就主动邀请陈总去弹玻璃球。为此还苦练了一段时间。这样，他们两人有了一个共同兴趣。从那以后，陈总就把所有的订单都给了张楠，而张楠所要做的就是经常和陈总去弹玻璃球。

张楠说："干什么都不能光看自己的喜好，你得看客户喜欢什么。你要挠到他们心里的痒处，你的愿望也就能实现了。"

过分热情让客户不舒服

过分热情的营销服务，常常让客户感到不适，会降低客户消费的热情。事实上，多年来这种过分热情的营销服务一直遭人诟病。中国虽然是一个礼仪之邦，但近身亲近的方式客户并不受用，待人接物多以一臂距离为宜，对迫不得已需要接触的陌生人尚且如此，

避免营销中的低级错误

这般"贴身管家式"的服务如何受用得起呢？

现实生活中，这类因过分热情导致营销失败的例子很多。这里试举两例：

"大姐，到我们这里来看看，新开的健身馆年卡不足一千元，帮我签个名、留个电话就好！"贡女士行走在大街上，被一名促销小伙子盯上，他亦步亦趋，一边跟着一边不厌其烦地介绍。贡女士一直摇头，但是对方还是不放弃，一直从大市口城市客厅"追踪"到五条街的名典咖啡处。不耐烦的贡女士停住脚步气恼道："我再说一遍：我不需要健身年卡，请你不要再跟着我！"这时小伙子才离开，并留下一句话："不买干吗不早说，害得我跟到现在！"这话噎得贡女士说不出话来。

一般来说，当我们和别人交往时，一旦别人对我们表现得过分热情，超过了一定程度，那么我们心里都会打上一个问号："他到底想干什么呢？"这是人类的一种普遍心理，不仅对熟悉的人是如此，陌生人的交往也是一样的。

陈小姐说，前两天她去大市口附近一家小化妆品店购物时，遇到令人心烦的一幕。她刚走进一家装修还很不错的小店铺，就被一名女售货员盯上，还没等她看货架上的商品，这位女售货员就不停地说开了。首先问"小姐你是想买面霜还是洗面奶，还是晚霜、粉底液，我们这里应有尽有"，一连串的热情导购语让陈小姐烦死了。还没等陈小姐开口,那位又说开了,"小姐,我看你的脸色很适合买这款祛斑霜,你只要买下来,保证让你青春靓丽,比现在看起来更年轻。"那位女售货员的热情,让陈小姐透不过气来,她本想进到店中看看里面的产品及价格,如果合适的话,买上一两件,由于那位营销小姐的过分热情让她没办法再看下去,只有夺门而逃。

营销人员应该有理有节、落落大方、坦率真诚、清楚明晰地回答客户提出的各种问题,而不能过分热情。在如今买方市场情况下,过分的热情反而会给客户留下"卖不动"的感觉,这是非常致命的。

不要认为只要热情待人就一定能获得别人的好感,很多时候,别人之所以远离你,恰恰是因为你太热情了。

真正的服务应该是热情适度,在改进服务态度的同时,更多的是要考虑到客户的购物心理,让客户自由自在、随心所欲地浏览商品,购买商品。只有适度营销,设身处地为客户着想,尊重客户,让客户惬意消费,才会有更多回头客。倘若在服务过程中热情过度,不仅会招客户反感,还会使原本到手的生意泡了汤。

不善于察言观色

营销成功的关键在于营销人员能否抓住客户的心。有的营销人员不善于察言观色,因此业绩一直不佳。营销人员既要了解客户的微妙心理,也要选择恰当的时机采取行动。这就需要对客户的情况

了如指掌，那些不关心客户的营销人员，是无法把握和创造机会的。

在营销中要学会察言观色，其实这也是一件难度非常大的事。做营销的要从客户的神态中看出客户现在在想什么，要从客户说话的口气中听出客户的意向有多大。一般来讲，要从四个方面着眼：善于捕捉客户需求；善于捕捉客户表情；善于捕捉客户动作；善于捕捉客户语气。

第一，善于捕捉客户需求

在营销环节中每一个流程都缺一不可，但是能让我们打中靶心的却是了解了客户的真实需求。只有知道了客户究竟需要的是什么，然后再和客户需求相结合，制订出既能满足客户需求又能赢得客户认同的营销策略。

事实上，见什么人讲什么话，这是营销中的取胜之道。察言观色，投其所好，是营销的重要技巧，也是每个人社交的常识。不同的话语，效果就会大大的不一样。

此外，做好客户基本资料和感性资料的收集，也是了解客户需要的重要渠道。比如：客户的姓名、年龄、出生年月日、家庭情况、收入情况、单位情况，以及客户对产品的期望值等。这都需要我们和客户进行深层次的沟通，从而了解他的内心世界。

第二，善于捕捉客户表情

丰富的表情是客户心理活动的一面镜子，只要善于把握琢磨，我们就可以从这面镜子中看出营销成功的希望。

比如：客户回答你的提问时，眼睛不敢正视你，或故意躲避你的目光，那表示他的回答是言不由衷或另有打算；客户双眼注视你说话一直保持不变，或在你说话的时候没有过多的动作，表示客户对问题的关注；客户皱眉，表示不同意你的观点，或对你的观点持怀疑态度。

第三，善于捕捉客户动作

营销人员最终能否实现预期目标，一定程度上还取决于非语言的沟通过程。非语言又常常被人们称为"身体语言"、"体态语言"或者"动作语言"和"肢体语言"等。非语言可以传递很多信息。

比如：客户身体前倾、不住点头时，表明对某种事物很感兴趣，或者对某人的观点表示支持和认同；当客户突然向上用力挥舞手臂时，他很可能是对某种观点或事物表示强烈不满；客户突然将身体转向门口方向，或老是看门，说明他希望早点结束会谈；客户放下手中的物品，头向两边看看，背往椅子上靠，表示随你怎么讲吧，反正没用；客户看一下表，收拾好自己的资料再抬眼看看你，表明他不想再谈下去了；不时看表，这是在下逐客令，说明他不想再继续谈下去或有事要走；客户不停地玩弄手上的笔、火机、或名片等，说明他内心紧张或对你的话不感兴趣；女性客户双臂交叉，两脚相搭，表示她不愉快或心里厌烦；男性客户如果双臂交叉，面无表情，目光冷淡，就是说明你的话说服力不够。

第四，善于捕捉客户语气

但凡说话都离不开语气。营销人员只有掌握了客户语气所透露的信息，才能赢得营销成功。

比如：当客户问你："你这产品怎么操作？""最低多少钱？"这是对你产品某个地方感兴趣。一般他会想来操作一下或问一些相关的问题。

当客户向旁边的人问："你们看如何？""怎么样，还可以吗？"这是在找认同，他自己心里已经认同了。

客户突然开始杀价或对你的产品提毛病，这种看是反对，其实他是想能不能再捞点，即使你不给他降价，不给他解释毛病的问题，他也会答应你。

客户貌似褒奖其他公司的产品，甚至列举其他产品的名称，这犹如"此地无银三百两"，既然别家产品好，他为什么要和你费这些周折呢？

在营销中不会营销自己

在营销工作中，我们无法光凭借理论来表现出真正的实力。不管理论如何清楚，都必须通过行动，才能看见已经融会贯通的专业能力。

知名的沃尔玛商场要招考一名收银员，几经筛选，最后只剩三位小姐有幸参加复试。

复试由老板亲自主持，第一位小姐刚走进老板办公室，老板便丢了一张百元钞票给她，命令她到楼下买包香烟。这位女孩心想，自己还未被正式录用，老板就颐指气使地命令她做事，因而感到相当不满，更认为老板故意伤害她的自尊心。因此，老板丢出来的钱，她连看都不看，便怒气冲冲地掉头离开。她一边走还一边气呼呼地咒骂："哼，他凭什么支使我，这份工作不要也罢！"

第二位女孩一进来也遇到相同的情况，只见她笑眯眯地接了钱，但是她也没有用它去买烟，因为钞票是假的。由于她失业许久，急需一份工作，只好无奈地掏出自己的一百元真钞，为老板买了一包烟，还把找回来的钱，全交给了老板。不过，如此尽职卖力的第二位面试者，却没有被老板录用。

第三位女孩一接到钱时，也发现钱是假的，她微笑着把假钞还给老板，并请老板重新换一张。老板开心地接过假钞，并立即与她签订合约，放心地将收银工作交给她。

三位面试者有三种截然不同的应对方式。第一个面试者的心态，是多数老板最不喜欢的类型，毕竟，只会用情绪来处理事情的人，任谁也不敢将工作托付给他。第二位面试者的处理方式，则是最不专业的表现，虽然委曲求全的人比较有敬业精神，但万一真的遇到重大问题，老板需要的不是员工的委屈与退缩，而是冷静与理性的处理能力。于是，第三位面试者成功了，因为在这件小事上，她充分表现出敬业态度和专业能力。从"接过钱"与"发现假钱"的两个小动作中，我们便能看见她的"配合度"与"专业能力"，而这才是大老板期待的最佳人选。想面试成功，除了要有自信与正确的态度之外，别忘了要多了解工作本身的需求。预备或培养好相关的专业能力，因为任何一个小动作，都将是你表现专业能力与敬业精神的机会。

营销工作也是如此,在向客户营销自己公司的产品时,首先是能否把自己营销出去。只有把自己有效地营销给客户,让客户能愉快地接受你,你才有机会来营销自己公司的产品。

如何营销自己,下面的五个方法可以给你一些参考:

第一,推荐自己应以对方为导向

在推荐自己的时候,注重的应该是对方的需要和感受,并根据他们的情况说服对方,被对方接受。

第二,推荐自己要有自己的特色

推荐自己必须先从引起别人注意开始,如果别人不在意你的存在,那就谈不上推荐自己。那么,如何引起别人的注意呢?关键是要有自己的特色。这里所谓特色,并非什么文凭,而是你有什么与人不同的特点。

第三,推荐自己要善于面对面

人们通过面谈可以取得推荐自己、说服对方、达成协议、交流信息、消除误会等功效。面对面推荐自己时,应注意和遵守下面法则:依据面谈的对象、内容做好准备工作;语言表达自如,要大胆说话,克服心理障碍;掌握适当的时机,包括摸清情况、观察表情、分析心理、随机应变等。

第四,推荐自己要有灵活的指向

人有百号,各有所好。假如你针对对方的需要和感受仍说服不了对方，没能被对方所接受，你应该重新考虑自己的选择。

第五，推荐自己要注意控制情绪

人的情绪有振奋、平静和低潮三种表现。在推荐自己的过程中，善于控制自己的情绪，是一个人自我形象的重要表现方面。情绪无常，很容易给人留下不好的印象。为了控制自己开始亢奋的情绪，美国心理学家尤利斯提出了三条有趣的忠告："低声、慢语、挺胸。"

任何东西，只要卖出去就会有个买主，当你把自己营销出去时也不例外。所以你要先站在买者的位置，试问自己：有人愿意买我吗?

不注意保守商业秘密

俗语说得好，"商战不可无秘密"。即使是个小企业，也可能存在很有价值的商业秘密。美国著名的可口可乐公司有一个座右铭："保住了秘密就保住了市场。"可见，商业秘密已成为企业在激烈竞争中取胜的法宝。

所谓的商业秘密是指不为公众所知悉，能为权利人带来经济利益，并经权利人采取保密措施的技术信息和经营信息。商业秘密包含两大部分，即技术秘密和经营秘密。经营秘密主要是营销方案。有个别营销人员无意间将营销方案泄露出去，结果造成无法挽回的损失。

作为国外某电器生产厂家山西营销部的营销专员，刘华主要负责某座城市市场的电视营销。当天晚上，根据从去年

避免营销中的低级错误

五一黄金周以后到今年3月的所有电视营销报表，他发现，公司去年推出的一款42英寸液晶彩电最受市场追捧，销量遥遥领先于其他型号的彩电。他和同事们商议后，决定这个五一黄金周的电视促销方案里，主打这款彩电，加大这款彩电的市场投放量，从而占领这座城市的市场。这款彩电原市场价格是每台9999元，此次促销价格要直降1099元，售价降为8900元，这在市场同类产品中是绝无仅有的低价。其次，营销方案里还要追加这款产品的赠品投放力度。刘华信心十足，因为这一方案一旦实施成功，短短一周的时间内，这款彩电的营销额有望比上一年同期翻一番，突破1万台。

方案制订出来后，刘华立即与该城内所有有合作关系的电器商场联系，协调活动场地、活动时间、促销数量、商场支持人员等相关事宜。一切都准备停当后，刘华松了一口气，内心充满了对五一黄金周这一营销大战的期待。

然而，他万万没有想到的是，就在他满心期待的时候，某商场一名负责与他接洽的工作人员，正与另一家电器生产厂家的营销人员把酒言欢，觥筹交错。这家电器生产厂家是最令刘华犯怵的竞争对手，一旦营销方案被对方掌握，后果不堪设想。可最让刘华担心的事情还是发生了。饮酒至酣畅处，这名商场工作人员没有遵守对刘华的承诺，向对方公司和盘托出了刘华的营销策划，就连这款电视要向市场发放什么赠品都告诉了对方。

五一黄金周第一天，刘华和他的同事们没有等来营销的开门红。他们万万没有想到，自己最大的竞争对手，居然也主打 42 英寸液晶彩电，而且降价力度、优惠措施比他们更大——直降 2099 多元，每台售价只有 7900 元；彩电的赠品力度也加强了，一台彩电配送一台微波炉，直到送完为止。同时，商场给出的营销位置也比自己的更好！

当天，对方公司的 42 英寸液晶彩电一路热销，每个商场的销量都超过了 100 台，而被打得措手不及的刘华却面对着一个很可怜的数字——日销量不到 20 台。"同样的质量、同样的知名度，几乎相同的款式，当然谁的价格更低，谁就越容易受到消费者青睐。"刘华无奈地说。

当天夜里，刘华和同事们不得不召开紧急会议，调整整个五一黄金周的促销方案。然而，想重新调整 42 英寸液晶彩电的价格为时已晚，公司和商场的促销及让利政策已经被确定。刘华只好改为主推一款 37 英寸液晶彩电和另一款新产品，但整个市场更认同 42 英寸液晶彩电。从一开始，就注定了他们这个五一黄金周的商战败局。

这一次的教训，让刘华深刻体会到了"保密"的重要性。"不可大意呀！"刘华说。

商场如战场，在激烈的市场竞争中，只有"知己知彼，才能百战不殆"！但这个"知己知彼"恰恰是一道难题，退一步是公平竞争，进一步便涉及道德底线。事实上，"隐私"的面被延伸了，它所具有的影响也将更大。

想要保守商业秘密，需要遵循下列"十要"和"十不要"秘籍。

"十要"：

（1）只在他人需要知道的基础上交流商业秘密。

（2）在实际情况可行的时候，使用非描述性的和非明显昭示的项目名称和代码。

（3）对你的电子邮件和语音信箱密码进行防护。在发出信息时要多加小心。

（4）对装有商业秘密文件的所有信封和包装用物给予足够的安全保护。

（5）把所有商业秘密文件放置于安全之处。

（6）从会议室中拿出所有文件；擦掉黑板上的字迹。

（7）客户和其他人在任何指定区域应有人员陪同，但会议室除外。

（8）在家人、朋友、室友或其他来访者面前，小心随口说出商业秘密。

（9）正确地处置所有商业秘密文件，使得他人不能从垃圾中重新得到这些信息，特别是你不在办公室的时候。

（10）要求参与者不得以任何方式向他人泄露商业秘密。

"十不要"：

（1）不要用手机和无线电话讨论商业秘密。

（2）不要在公众场所谈论或者审阅文件和工作计划。

（3）不要将写有商业秘密文件的纸张放在别人容易看得到的地方。

（4）不要通过酒店或会议中心的人员收发或复印保密传真。

（5）不要在无人看护的情况下，将商业秘密文件丢在会议室、复印和传真室。

（6）在讨论商业秘密的时候，不要使房间门敞开。

（7）不要与正在商谈一宗交易的重要客户一道出现在公众场合。

（8）不要将文件中使用的代码和项目名称换成真实的名称。

（9）不要将商业秘密文件拿出办公室，除非是以合法的公务目的，并且能够给予足够的安全防护。

（10）不要对商业秘密漫不经心、疏忽大意。

第五章　缺乏稳定客户

　　建立稳定客户关系最重要的是让客户信任，并且让彼此利益最大化。为客户利益着想的同时维系己方利益。如果营销人员不注意有效地维护与新老客户之间的关系，就难以获得稳定而扎实的客户资源，也就难以获得更大的发展空间。

开发新客户力度不足

　　"问渠哪得清如许，为有源头活水来。"对于营销人员来讲，源头的活水就是指新客户的加入。在营销中，只有不断地有新客户加入，才能保证营销工作的正常运转。但是，某些资历较老的营销人员，对于开发新客户的投入力度远远不足，他们宁愿躺在老客户的功劳簿上坐享其成，也不愿风里来雨里去地去开发新客户。这种惰性，最终会导致他们被后来者超越。

　　如果把营销看做是一个有生命力的工作，那么开发新客户无疑就等于给营销注入新生的动力。总是依靠老客户的营销模式，虽然稳定，但是去日无多。而开发新客户的营销路子，则把营销带上了年轻化的轨道，虽然中途可能会历经磨难，但是终究会收获颇丰。

　　刘奇是一家保险公司的老员工了，他的手底下有许多固定的老客户，每年都可以为他创造不菲的收益。回想起当年刚刚入行的时候，为了开发客户，他跑断了腿，累折了腰。现在，他决定以后再也不受那份罪了。他认为，只要把这些老客户的关系维护好，自己就可以高枕无忧了。

过了一段时间，刘奇觉得自己的业绩在慢慢地下滑，而那些老客户也在不知不觉中流失了不少。刘奇察觉到这一点之后，意识到需要一个新客户来充实自己的客户资源了，但他再也没有当年的勤快劲儿去寻找客户了。在开发新客户上，刘奇下的工夫明显不如公司中的那些新员工们。久而久之，他的业绩额逐月下降，最后被那些后辈们超越了。

刘奇感到了危机，他这才意识到：只为固定客户服务的营销人员就像倒车的司机，只看后视镜，而看不到前方更美好的风景。如果一个营销人员不具备寻找新客户的意识，就等于把自己前面成功的大门关上，必然会碰得鼻青脸肿。

从此以后，刘奇开始打起精神，将更多的经历投入到开发新客户的工作中，没过多久，他又成了公司的业务主干。

其实，有很多营销人员在拥有了固定客户之后，由于惰性心理作怪，对于开发新客户投入的力度就大大不足了，这正是那么多的资深营销人员最后被超越的根本原因。

作为一名优秀的营销人员，就应该成为一名出色的"猎人"，善于寻找新商机、新业务，他们具有冒险精神和进取心，不惧怕外部营销及开发新客户资源所带来的困难。所以，要想开发新客户，就必须战胜自己的惰性心理。

一个人惰性是很难克服的，那些勤奋的人，通常有以下几个共同点。作为营销人员，不妨学习一下。

第一，强烈的欲望

作为营销人员，欲望是一种必不可少的动力。是什么可以让你在风雨路上前行，只为了去拜访一个客户？是什么可以让你面对拒绝永不放弃？这就是欲望！你渴望成功，你希望获取财富，有了对成功的强烈欲望，惰性心理就无处遁形了。

第二，明确的目标

目标的确定是方向的作用，方向可以使营销人员感受成功的心理指引。明确的目标就是清楚目标的真实价值，不能太随便地确定一个没有很大价值的目标，这样很容易使人在实现目标时失去热情并且丧失毅力。要选择有比较长远利益的目标，而且这个目标是一定可以完成的。如果使我们总是感觉不会完成，会在心里产生倦意，很容易丧失毅力和信心。这个目标也要非常的具体，不能太多太杂，那样会大大降低行动的效率，使精力不集中、思想不专注，进而不能深入下去，这样就不会有太大进展，最终导致在完成每件事时都没有足够的毅力。

第三，有效的计划

惰性，让人在应该行动的时候懒于行动。提前制订一个详细的计划并坚定不移地去执行，是战胜惰性的好方法。为了能有效地去行动，计划要做得简练而具体，过于简单的计划就不能称之为计划，而太复杂的计划缺乏灵活变通性，也会降低做事的效率。

如果营销人员能够做到以上三点，战胜了惰性，在开发新客户上多下工夫，业绩自然会提升。

客户资源严重流失

营销是一个充满挑战且很有前途的职业。是否能积极主动地寻找机会，直接决定了营销人员能否创造出良好的业绩。虽然大多数营销人员都知道这一点，但可惜的是在现实中，许多营销人员不敢面对挑战，不去积极主动地开拓业务，而是在等待更好的机会降临。其实他们不知道，在很多时候，就是因为他们的这种等待，使得许多原本可以创造的业绩轻易地从身边溜走了。

对于一个营销人员或者营销团队而言，他们经常对如何拓展客户资源感到十分困扰。有些营销人员仅仅是通过客户再介绍或者花钱买名单来取得客户资源，但仍然不能有效地拓展自己的客户资源。更有一些营销人员，他们在业内做了很长时间，但是不能缔结和维护自己的人际关系网，导致客户资源狭小，始终只能做一些小的业务，没有更大的发展。

对于一个营销人员而言，客户资源的多寡，是其事业发展的重要因素。客户资源广阔的营销人员，自然事事得心应手，客户资源稀缺的营销人员，肯定难以有大成就。所以，不善于开发客户，是不少营销人员所犯的一个大错。

避免营销中的低级错误

张杰是一家房地产公司的营销人员。一天,张杰拜访完客户回家,在公交车上认识了一位老乡。这位老乡是一个成功的商人,在本市有一套两居室的住房。

张杰和这位老乡谈得非常投机。在谈话中,张杰得知老乡现在和妻子、女儿生活在一起,女儿已经14岁了,在读初中。年事已高的父母现在还住在乡下,他十分希望把二老接到身边安度晚年。

张杰对于聊天内容也没有太在意,又和老乡谈了自己的家庭和一些家乡的事情,就这样分开走了。在临走的时候,两个人互留了联系方式,觉得在外面碰见老乡不容易,就交了朋友。

过了一段时间,张杰想起了这位老乡,就想打电话联系。在电话中,老乡说他把父母接过来了,而且还重新买了房,是三室两厅,为了方便,他和父母住在一起。张杰一听,才猛然想起他们在车上的谈话,当老乡谈及要接父母到身边安度晚年的时候,他没有敏锐地抓住机会,就这样让一次绝佳的卖房机会流失了。

像张杰这样的营销人员,轻易让身边的客户悄然溜走,又怎么能够保持客户资源的广度呢?如果一个营销人员犯了与他相同的错误,也一定会让许多机会在身边溜走,也注定难以成就自己的事业。

据调研资料显示,一个营销人员每年新开发的客户只有达到原有客户总数的20%,才能弥补原有客户的流失,并保证企业获得更大的发展。那些客户资源狭小的营销人员或营销团队,随着老客户的流失和新客户的供应不足，到最后肯定会逐渐地走向末路。

所有的营销人员都明白客户的重要性，但是总有些人在寻找客户的时候感觉毫无头绪，找不到合理的方法，以至于他们在营销的过程中像只没头的苍蝇，尽管四处奔忙，但是无法真正取得优异的营销业绩。客户资源的狭小，成为制约他们进一步发展的重要因素。

要想摆脱这个困境，营销人员需要做到以下几点。

第一，尽可能多地运用"缘故法"开发客户

所谓的缘故法，其实可以分开来看，"缘"就是指偶遇的，"故"是指早就认识的。意思是说，营销人员要想拓宽自己的客户资源，就要"结识新朋友，不忘老朋友"，只有这样，才能保持丰富的客户资源。

第二，让你的亲朋好友为你介绍新客户

你的产品或许不适合你的亲朋好友，但总有可能适合你亲朋好友的朋友、同事及其他有接触的人。这些人有交往密切的人，包括从前的邻居、同学、同事等；有配偶的亲友，包括配偶的亲戚与好友、配偶的同事及同学、配偶在其他俱乐部结识的人；有共同嗜好的人，包括共同唱歌的人，共同打麻将的人，共同打高尔夫球的人，共同打网球的人，共同下象棋的人等。

当你为自己建立一个客户推荐系统，你的客户将会源源不断，而且这些客户对你更信赖，更有忠诚度，消费额也更高。

第三，利用关系链来增加客户

曾获美国"最伟大的营销人员"称号的汽车营销大王乔治·吉拉德在其自传中写道：每一个客户的背后都有250个人，称为"250定律"。他指出，营销人员若得罪一个人，也就意味着得罪了250个人；相反，如果营销人员发挥自己的才智"利用"了一个客户，也就得到了250个关系。由此可知，关系网的铺开，对于营销人员拓展客户帮助极大。

营销是一个充满挑战、具有前途的行业。对于营销人员来讲，每一个客户都是一个机会，多一个客户就等于多一点希望，积极地拓宽客户资源，就等于给了自己更多的机会。

不善于建立客户关系

有些营销人员一心忙于开发新客户，把那些老客户晾在一边。这种喜新厌旧的做法，必然导致营销人员或者是企业没有长期的客户，无法建立稳定的客户关系。

对于没有长期客户的问题，有些营销人员觉得无足轻重，甚至还会说："那有什么关系？只要能不断地开发出新客户，不就可以弥补老客户流失的空缺了？"

其实在营销界有一个公认的说法："发展一位新客户的投入是巩固一位老客户的五倍。"这是因为，在新客户开发时，首先要对其进行大规模的市场调查，了解客户各个方面的感受，然后对调查结果进行总结分析，根据分析结果制定相应的广告宣传。同时，还要不定期地进行大规模促销活动来提醒消费者购买。以上每一个环节，都需要大量的财力、物力和人力的支持。

与开发新客户相比，维护与老客户的关系是"经济实惠"了不少。这样一来，同样的营销额，全部卖给老客户的话要比卖给新客户的利润更高。新客户和老客户还有一个重要的差别，那就是在许多情况下，即使争取到一位新客户，也要在一年后才能真正赚到钱，而老客户则是"拿来即用"的。因此，确保老客户的再次消费，是降低营销成本和节省时间的最好方法。

除此之外，留住老客户可以使企业的竞争优势长久。据某顾问公司多次调查显示：对企业效益来说，留住老客户比只注重市场占有率和发展规模经济的效益要大得多。因为老客户就相当于固定资产，而新客户最多是流动资产，流动资产永远不如固定资产可靠。

小孙和小刘同时进入一家化妆品公司担任营销人员，两个人在工作中都很努力，所以他们的业绩也差不多。

几个月后，小孙和小刘都受到了公司领导的器重，被当做重点培养对象。谁要是在接下的半年内业绩更好，就有可能获得晋升的机会。

他们俩在刚刚进公司的时候，工作方法基本上一样，都是尽量地拓展客户，希望可以拿到更多的订单。但在他们成为老员工之后，工作方法有了区别。小刘依旧像从前那样，努力拜访新客户，努力在茫茫人海中寻找每一张可能成交的陌生面孔。而小刘则似乎轻松得多，他把主要精力都放在了回访老客户上，在拓展新客户渠道方面所下的工夫远远没有小孙大。

前三个月,小孙由于不少新客户的加入,业绩额超过了小刘。小孙心里暗自得意:照这种趋势发展下去,最后得到晋升机会的一定是我了!

第四个月,小刘的那些老客户们给小刘介绍了不少新客户,小刘的业绩勉强与小孙打成平手。但是从第五个月开始,小刘的客户突然成倍增加,老客户捧场自是不在话下,那些老客户介绍来的新客户更是不少,有的老客户甚至一下子介绍来两三个新客户,这让小刘的业绩出现了井喷式的增长,很轻易地将小孙甩在身后。半年之后,小刘自然而然地晋升为主管。

这个案例就说明:留住老客户,还会十分有利于发展新客户。在产品琳琅满目、品种繁多的情况下,老客户营销作用不可低估。要想建立稳定的客户关系,留住老客户,就必须做到以下几点。

第一,细分客户,明确需求

只有细分客户,熟知客户的心理,并且极力地去满足客户,才可能与客户建立起良好的长期合作关系。如客户的地域分布,客户的产品拥有,客户的组织归属如企业用户、个人用户、政府用户等。再如客户的性别、年龄、信仰、爱好、收入、家庭成员数、信用度、性格、价值取向等。还有就是对现有客户进行消费行为分类等,找出客户各自的消费特点,以便为营销活动找到确定对策。

第二，建立客户数据库，和客户建立良好关系

一个有多年从业经验的营销人员，必然会有很多的客户积累。如果没有一个汇总这些客户资料的数据库，很容易在接触中顾此失彼。所以建立完善的客户管理机制，是营销人员和营销团队需要做的事情。

第三，与客户进行深入沟通，防止出现误解

随着与客户的不断接触，营销人员与客户的关系也越来越近。关系越近越容易产生误会，因此应格外注意积极交流，把误解消灭在萌芽状态。

第四，制造客户离开的障碍

也许有人会说，客户想离开，营销人员又能制造什么障碍？其实，营销人员可以通过技术手段提高客户的转移成本，从而给客户制造离开障碍。就好比某通信公司营销的某种手机一样，这种手机只能用他们公司提供的通信服务，如果客户买了这种手机的话，要换服务商就必须换手机，这就提高了客户离开的成本，给客户制造了离开的障碍。

第五，培养忠实的员工，不断地培训服务人员

忠实的员工能够带来忠实的客户。一位营销专家曾经深刻地指出：失败的营销人员常常是从找新客户取代老客户的角度考虑问题，成功的营销人员则是从保持现有客户并且扩充新客户的角度考虑问题，从而使营销额越来越多，营销业绩越来越好。

避免营销中的低级错误

做到了以上的五条，营销人员就基本能够维持与老客户之间的关系了，但最关键的还是要从心理上认识到老客户的重要性，营销人员切不可有"喜新厌旧"的心理，只有抓住老客户，才能让你的成功来得更容易。

不善于维护客户关系

营销活动中，有相当一部分营销人员只重视吸引新客户，忽视保持现有客户，使营销行为中的诸多问题得不到及时有效的解决，从而使现有客户大量流失。

营销人员必须善于维护与客户的关系，做到不为难客户，替客户着想，尊重客户，信守原则等，只有这样才能保持营销额。

第一，不为难客户

谈合作、谈项目一定要讲究时期。时期不好，好合作也会泡汤。当客户有为难之处时，一定要体谅别人，不要让客户为难。比如他正在有事，他认为那样做会不合适或不能做等，你就要马上停止你的要求，并告诉他不管怎么样，你都非常感谢他。你的善解人意会让他觉得很抱歉甚至内疚，下次一有机会他就不会忘记补偿你。你也不会因为强人所难而丧失与这位客户今后可能继续交往的机会。

第二，替客户着想

我们与客户合作一定要追求双赢，特别是要让客户也能漂亮地向上司交差。我们是为公司做事，希望自己做出业绩，别人也是为单位做事，他也希望事情办得漂亮。因此，在合作时就要注意，不要把对客户没有用或客户不要的东西卖给他，也不要让客户花多余的钱，尽量减少客户不必要的开支，客户也会节省你的投入。

第三，尊重客户

每个人都需要尊重，都需要获得别人的认同。对于客户给予的合作，一定要心怀感激，并对客户表达出你的感谢。而对于客户的失误甚至过错，则要表示出你的宽容，而不是责备，并立即共同研究探讨，找出补救和解决的方案。这样，客户会从心底里感激你。

第四，信守原则

一个信守原则的人最会赢得客户的尊重和信任。因为客户也知道，满足一种需要并不是无条件的，而必须是在坚持一定原则下的满足。只有这样，客户才有理由相信你在推荐产品时同样遵守了一定的原则，他们才能放心与你合作和交往。

比如，适当地增加某些服务和培训是可以接受的，但损害公司、客户甚至别人利益的要求绝不能答应。因为当你在客户面前可以损害公司或别人的利益时，他会担心他的利益也正在受到威胁。

第五，多做些营销之外的事情

客户在生活中碰到的一些困难，只要营销人员知道又能做到时，就应该帮助他们。这样，与客户就不再是合作的关系了，更多的就是朋友关系。一旦有什么机会时，客户一定会先想到你。

第六,让每笔生意来个漂亮的收尾

所有的工作都做完了,你与客户的合作告一段落,是不是就是终结了呢?也许这是大部分营销人员处理的方式,但事实证明这是一个巨大的错误。事实上,这次生意结束的时候正是创造下一次机会的最好时机。千万别忘了送给客户一些合适的小礼品,如果生意效益确实不错,最好还能给客户一点意外的实惠。让每笔生意有个漂亮的收尾,它能带给你的效益不亚于你重新开发一个新的客户。

如果前面的要诀都掌握并运用自如,你就会赢得客户和朋友的口碑,你的朋友就会向他的朋友推荐你。那么你的生意就有如原子弹爆炸,会迅速在业界扩张起来。你就达到了生意的最高境界,让客户来主动找你。

忽略客户的满意度与忠诚度

营销界有这样一个共识:客户忠诚创造竞争优势。然而,总有营销人员忽略客户的满意度与忠诚度,因而不愿意投入时间和精力,去做这些意义深远的工作。客户忠诚是营销人员制胜市场的法宝,也是企业实现健康发展的重要保证。因此,营销人员在日常的客户拜访工作中,一定要时刻以客户为中心,始终抱着"一切从客户出发,一切为客户着想,一切对客户负责,一切让客户满意"的思想,才能最大化地利用好客户这个有效资源。

那么,如何才能提高客户的满意度与忠诚度呢?应从以下几个方面开展。

第一，满足客户需求

在日常工作中，影响客我关系和谐的最大障碍就是客户的需求得不到满足，他们的意见得不到重视。因此，营销人员在市场的走访工作中，要多了解客户对服务、品牌的评价，了解他们对经营市场的反映，了解片区消费动态，最大限度地满足客户需求，尽最大能力来解决客户在日常经营工作中所面临的实际困难，及时反馈市场信息，想方设法地组织货源，满足市场需求，而不是怕麻烦、图省事、找借口推诿或置之不理。

第二，做好与客户的沟通

只有进行有效的沟通，才能达到相互融洽、信息互通、资源共享的目的。世界著名的营销大师菲利普·科特勒说过："在信息唾手可得的今天，营销传播的新趋势是——精准营销。"精准营销就是需要更精准、可衡量和高投资回报的营销沟通。可见沟通在日常营销工作中的重要性。营销人员作为营销一线的"排头兵"，和客户进行有效沟通，是日常市场走访的一项重要工作内容。通过和客户的接触，可以从沟通中发现客户的需求信息、市场信息，并且可以及时地解决客户在经营工作中所遇到的困难，最大限度地弥补工作中的不足，从而达到客户满意、市场和谐的目的。

第三，提供个性化服务

在现代的营销模式中，把产品营销出去并不是最终的目的，因为这样深化不了客户对产品及服务的依赖性与忠诚度。而为客户提供个性化的服务是企业营销管理中一项重要内容，也是营销人员乃

至企业在新的市场形势下竞争优势的重要因素。所以营销人员在日常的工作中，要本着"始于客户需求，终于客户满意"的思想，为客户提供细致、周到的个性化服务，认真解决客户的实际困难。为客户提供个性化服务，就是要营销人员放下"架子"，多动手、勤动脑，善于发现问题、及时解决问题，时刻关心、爱护客户，真正把客户当做"上帝"来看待。

第四，及时处理客户意见

在日常的经营工作中，由于种种客观因素的影响，客户会提出一些利于双方友好合作的意见或建议。此时，营销人员一定要高度重视这些来自于一线的心声，及时做出反应，不要无动于衷，更不要置之不理，要及早制订解决问题方案。

在很多情况下，因为营销市场有一种不可预见性的存在，我们所制定的政策与措施，并不一定能够完全适合市场运行的规律，而终端客户是这些政策与措施的践行者，能够从中很容易发现问题，客户所提出的问题，也许正是我们没有考虑周全的，客户的及时指出，正好给营销人员一个"亡羊补牢"的机会。因此，营销人员要及时抓住这个有利时机，堵住这个"漏洞"，化解矛盾，使客我关系奏出和谐的乐章，为提高客户满意度与忠诚度打下坚实的基础。

不懂区分对待不同的客户

有人说营销是世界上最难做的行业，因为每天都要面对别人的拒绝，甚至是批评和指责。对于营销人员来说，每天都会遇到不同类型的客户，他们的性格、喜好、志趣、言行各有不同，因此对待这些不同类型的客户，采用的接待方法也不尽相同。要从客户的一举一动、一笑一言中大致判断出他是什么类型的人，他们一般的消费需求是什么，然后针对他们的消费特点采取不同的营销方法，以满足他们不同的需求，做到让每个客户都满意。

下面是根据性格、消费习惯及角色身份的不同总结的不同类型的客户及其接待方法，相信对每一个营销人员都有参考价值。

对探价而不消费的客户要一视同仁。探价的客户就是指那些弄出要买的架势，却又无心购买的客户。对于探价的客户一定不能忽视，他们是增加客户的基础，要以正常接待客户的程序和态度接待他们。千万不能因为他们不签单，就采取歧视态度。无论这个客户是否打定主意来订单，都要一视同仁，把能介绍的产品和特点、特色尽可能地介绍给客户，以便在客户心中留下深刻的印象，说不定有一天他们会想起你而产生购买行为。

对替人跑腿的客户，既要了解委托人的喜好，也要了解受托人的喜好。许多客户买东西并不是为自己买，而是受人之托而来，或者是顺便帮别人捎带购买的，这类客户通常被称为"替人跑腿型客户"。对于这类客户万万不可怠慢，否则就等同于得罪了两个客户。这个时候，营销人员要多倾听他们对朋友的介绍，喜欢什么风格，性格是哪种类型，打算达到什么效果。同时，你也不要忘了，这位跑腿的客户也是一个最直接的潜在客户，因为他亲眼目睹了整个签单过程，体会最深。因此在介绍的时候，也不妨问问他们的喜好，多听听他们的意见，让他们感觉尽管是帮别人做事，但受尊敬的还

是自己,为他们以后介绍别的客户做好铺垫。

对杀价型客户可以说一些"是……但是……"的语句。有的客户生来就有杀价的天性,而且精于杀价,他们对于自己的能力深信不疑,这种客户通常被称为"杀价型的客户"。其实营销人员应当欢迎杀价客,因为他们正是有心买才开口杀价,所以不能对他们敬而远之。其实杀价的责任也不能全推给客户,主要是客户没有通过你了解到有关产品和服务的准确信息,双方还没有取得信任。营销人员应当对这类客户多使用"是……但是……"的语句,比如针对客户的讲价可以跟对方说:"您说的是,但是我们也有我们的困难,这个价格实在是不能降了。"

对结伴同行的客户也要倾听同伴的声音。凡是两个以上携同而来的客户都被称为"同伴型客户"。接待两个结伴客户的诀窍是,要设法使不购买产品的同伴站在我们这一边,结成说服对方的统一战线。因此在倾听主顾的同时,也要在适当的时候询问同伴的意见。有些时候主顾也很犹豫,这时候你就不要过早为客户拿主意,而是把注意力转到其同伴身上,比如:"这样吧,我觉得你朋友在了解了这么多之后也有体会,让你朋友来说说意见吧。"

对喜欢赠品的客户,在介绍产品时不能主次颠倒。事实上,许多客户就是在"赠品"的吸引下激发了购买意愿,这类客户通常被称为"喜欢赠品的客户"。在介绍质量完全相同的两种产品时,任何人都会选择有赠品的一方。但人人都有自尊心,不愿让别人知道自己是奔赠品来的。赠品必须是带有某种趣味性的东西,在市面上不容易买到,它能够引起客户收藏的欲望,最好不是短期的消费品。

遇到这类客户一定要把握好分寸，主要还是介绍产品特色，不能主次颠倒。让客户觉得我们自己的产品不怎么样，就是赠品还行，客户产生这种心理，对企业的形象是很不好的，要在介绍主产品之后，再把客户的注意力引向赠品。

对见多识广的客户要及时给予肯定。见多识广的客户可分为三类，深藏不露型、单刀直入型和不懂装懂型。应付这类客户的最佳诀窍是用优于他们的专业知识，以简单、易懂、有感情地谈吐向他们解说。首先要给予肯定，并适当地赞美，然后再表明自己的专业态度。营销人员遇到这类客户可以这样说："这位先生说得确实有道理，因为我们的产品就是采用您所说的思路做出来的，不过有几点是我们不同于别家的地方，我来给你们介绍一下。"

对慕名而来的客户要敬重如初。慕名型的客户一般指那些喜欢到自己认可的商店去消费的客户。和一般客户不同的是，慕名型客户在"爱得深、恨得也深"的心理下，对其信任的产品一旦绝望之后就会彻底绝交，不仅很难让他们来签单，就连其亲属朋友也会受到影响。对慕名而来的客户要保持一贯的敬重，不能因为对方觉得产品好就有优越感，一定要让他们每次都感觉到我们在产品服务上的细致，体会到我们的专业性，让他们感觉名副其实。

对"亲昵型客户"不能过于亲近。亲昵型客户多为与营销人员关系较为紧密的客户，也就是所谓的熟客。对待亲密型客户要保持距离，过分亲近会招致客户反感。营销人员与客户闲话家常时，态度及措辞都要有分寸，不能为了熟客而使新客感到不平衡，或者忘记自己正在进行营销工作与熟客交谈到"忘我之境"，这样会让其他

客户感觉不舒服。客户主动聊起个人问题时,你应委婉地发表自己的看法,以保持彼此间的关系。一旦对方提出过分要求,这时你会感到为难,不好拒绝,从而影响到营销工作的顺利开展。

对犹豫不决的客户要牢记对方首先询问的产品。很多人面临各种选择时优柔寡断,他们在挑选产品时也常常显得犹豫不定,难以取舍,这样的客户就是"犹豫不决型客户"。针对这类客户,营销人员一定要记住对方首先询问的是什么产品,第一次拿起的是什么产品,注意力最集中在那类产品上,然后根据其态度,留下几种适合他口味的产品,其余的则不动声色地拿开。

对"商量型客户"不能极力推销昂贵产品。对于这类客户,营销人员要有耐心,不能以随便的态度蒙蔽客户。同时,你应尽量避免营销昂贵的产品,而不管其是否适合客户的需求。值得注意的是,营销人员对这类型客户应选择在适当的时机提出让客户买关联产品的建议,不要在客户还在选购的时候就拿出一系列二次消费产品,这会让这类型的客户产生反感,觉得你就是在想办法让他多掏钱,这种做法是很忌讳的。

对"沉默型客户"不能贸然推荐。沉默型客户一般都有个性,这类客户一旦中意某家的产品,通常会成为忠实的客户。这种客户只要说服的办法得当,也是容易签单的。这类客户没有决定买哪种产品前,切不可贸然上前推荐,不如让其自由浏览,你不妨仔细观察,做好应对准备即可。

"聊天型客户"的特征比较明显,这种类型的客户一见面就天南地北扯个没完,忘了自己的目的。营销人员对这类客户的三步走,第一步是和客户聊天，根据情况来控制聊天的时间，如没有其他客户，不妨畅所欲言。第二步是换成听众。觉得时间差不多了，偶尔以"的确""是吗"等短句回答。通常话到这里便告一段落。第三步，把产品拿在手中，用具体的动作提醒客户他此行的目的。

对"爽快型客户"要满怀感激之情。爽快型客户一般最受营销人员欢迎。对爽快型客户的信任要小心维护，切不可武断下单，营销人员应该满怀感激喜悦之情来应对这种可爱的客户。

对"性格开朗的客户"要多给面子。性格开朗的客户善于制造气氛，一般聚会上或热闹场合中少不了这些幽默的人，这种类型的客户我们称之为开朗型客户。他们不管事情轻重，想到什么说什么，心直口快。但是如果意见被他人否定，很快就会转成不同的态度。这时，营销人员要学会给这类客户一点面子，对他们开朗的性格给予肯定。也不妨跟他们分享一些生活中的小故事，让对方找到与你的共同点，这对于拉近与客户之间的距离是很有帮助的。

对"谦虚型客户"要推荐性价比高的产品。具有谦虚品德的客户在挑选产品时，往往会选择性价比高的产品。这时作为营销人员，千万不要让客户觉得买便宜货没面子，相反要赞赏他们的眼光。这类客户其实也很有消费能力，只是行事比较低调，所以一定要服务周到。

以上这些类型未必包含了所有的客户类型，只是一个大致的归类。我们对客户进行分类，是为了更好地服务客户，更快与客户达成共识并签下订单。工作中，只要认真总结，规律自然掌握在我们手中。

避免营销中的低级错误

忽视小客户，丢掉大生意

有哪个营销人员可以一眼看出一个客户的"含金量"？相信没有一个人有这样的自信。但是，在实际的营销工作中，确确实实有很多营销人员靠着第一印象就给客户"定性"。他们时常从外表、衣着来判断一个客户的实际购买能力。营销人员的这种心理，正是犯了营销行业的大忌。

"不能根据封面来判断一本书"，这句话用在营销中再合适不过了。不管他是什么肤色、多大年龄，不管其宗教信仰和性别如何，穿着打扮怎样，不管他提出什么样的借口和异议，营销人员都不能从这些外部条件，来武断地给客户一个定位。真正优秀的营销人员，从来不会"以貌取人"。

夏天的中午，烈日炎炎，一位衣衫脏乱、老农模样的人走进了一家汽车行。一位柜台小姐很客气地上前服务，问他需要什么，能否为他提供帮助。

老农显得很慌张，着急摆手说："对不起啊，外面很热我只是，进来凉快一下，您不用照顾我，我不打算买车。"柜台小姐听后，仍然客客气气地给老农倒了一杯水，并请他到沙发上坐下。

老农喝完水，目不转睛地盯着展台上展出的新型货车。见老农目光专注，小姐便上前为他介绍。老农依旧很紧张地说："不用不用，你别误会，我们种田人可买不起。"小姐笑着说:"没关系,也许您以后用得着呢。"说完,便将那款货车的性能仔细地介绍给老农听。

连这位小姐自己也没有想到,听完介绍后,老农竟突然从口袋里拿出一页纸,交给她说:"这些是我要的车型和数量,请你帮我看一下。"小姐接过来一看,一脸惊讶,这位老农竟然要八辆货车。紧张之余,她连忙说:"大爷,您一下要这么多车,我必须等经理回来和您谈,我先安排您试车……"

老农说:"不用等了。说实话,来之前我已经穿着这身衣服走了许多家公司了,唯独你们公司对我这个糟老头子这么热情,你们能有这样的服务态度,相信你们的产品也绝对错不了。"

就这样,一位普通的柜台小姐,以最普通的方式,做成了一桩不普通的生意。

现实中,这样的例子还有很多,总结他们的成功经验很简单,那就是一视同仁而已。但是,有很多营销人员明知道这个道理,却做不到。

我们常说,作为营销人员,必须有敏锐的视觉洞察力,但是这种观察力不是用来从客户外表来判断客户的购买力的。任何一个客户,一定要通过语言来探测客户的需求,然后评判客户的购买力。人的眼睛一般会欺骗自己,外在的表象并不能说明事物的真相。

那些明知道却做不到的营销人员,正是犯了这样的逻辑错误。

避免营销中的低级错误

轻易放弃那些感觉是小客户的人,也许就等于失去了一个大有可为的一笔生意。这样的错误,如果真的发生在你的身上,到时候恐怕真是追悔莫及了。

第六章　电话营销错误

电话营销为现代营销创造了便利的条件，节省了时间与金钱，同时也对营销人员提出了更高的专业要求。如果营销人员不能掌握电话沟通技巧、抓住客户的心理，在营销中屡犯低级错误，结果就只能全盘皆输。

电话营销前准备不足

为什么许多营销人员每天不停地打电话，就是没有订单、没有客户呢？那是因为这些营销人员没有做好电话营销前的准备工作。由于大多数的营销人员在大学不是学的营销专业，有的营销人员进入公司后又没有得到基本的培训，所以造成了许多营销人员连基本的技巧都不懂。电话营销和传统渠道营销、直销、网络营销被称为四大营销模式，根据公司的规模、产品、营销观念不同，会选择其中两种至三种营销模式。作为公司的综合营销模式，电话营销已经成为这四种营销模式中不可缺少的一种。所以，会不会打电话，已经成为了营销人员能力的一种重要的体现。

100个电话中通常可能只有80个电话是打通的，80个电话中又可能只有50个电话能找到相关的人，每次打电话都可能出现不同的情况，作为电话营销人员一定要清楚在电话营销中随时可能出现的

情况，对于不同的情况准备相应的应对措施。那么，如何做好电话营销前的准备工作呢？下面为大家介绍几点经验。

第一，熟悉产品，找准卖点

无论在什么时候，营销人员都要记住：打电话的目的是卖出产品，而不是为了打电话而打电话。所以在熟悉产品的过程中，要学会问自己问题：如果我是客户，我会对产品的哪些卖点感兴趣？怎样介绍产品能打动客户？当你能回答这两个问题后，要尽量写出来变成自己的语言。营销人员最好能将电话营销中遇到的问题编写产品问答小册子，不仅做到心中有数，也有利于营销人员更好进入自己的角色。

第二，态度一定要积极

电话营销人员每天打的电话量相当大，而且每天遭受的拒绝也非常多，所以很容易造成精神上的疲倦。在这种疲倦的影响下，态度上就会情不自禁地消极、冷淡。有的电话营销代表，每次打电话给重要客户时就会身不由己地紧张，担心客户已经选择了其他的公司，不再跟自己合作了。然而实际情况往往并不是他想象的那样，反而是自己的紧张可能造成负面影响。所以态度积极是非常重要的。还有一点很重要，就是一定要养成与客户通电话时常常恰到好处地发出友善微笑声的习惯。

第三，明确目的和目标

电话营销人员一定要清楚自己打电话给客户的目的。你的目的是想成功地营销产品还是想与客户建立一种长久的合作关系？明确目标才有利于实现打电话的目的。目的和目标是有关联的，一定要清楚打电话的目的和目标，这是两个重要的方面。

为了达到目标，需要得到哪些信息、提问哪些问题，这些在打电话之前必须要明确。电话营销开始时就是为了获得更多的信息和了解客户的需求，如果不提出问题，显然是无法得到客户的信息和需求的。所以电话营销中提问的技巧非常重要，应把需要提问的问题在打电话前就写在纸上。

第四，准备好所需资料

如果给客户的某些回应需要查阅资料，你不可能用太多的时间。你要注意，千万不能让客户在电话那边等得时间太长，所以资料一定要放在手边，以便需要查阅时立刻就能取出。而且手边所准备的各种资料自然是尽可能地越全面越好。

第五，设想客户可能会提到的问题并做好准备

你打电话过去时，客户也会向你提一些问题。如果客户向你提的问题你不是很清楚，要花时间找一些资料，客户很可能怕耽误他的时间而把电话挂掉，这也不利于信任关系的建立。所以你要分析客户可能提一些什么问题，而且应该事先知道怎么去回答。

把客户可能经常问到的问题做成一个工作帮助表，客户问到这些问题时，你可以快速地查阅回答。还有一个所需资料就是相关人员的联系电话表，尤其是同事的联系电话很重要，如果客户问的问题你不是很清楚，你可以请同事中的技术人员帮忙给客户解答，形

成三方通话。

第六，语言发音必须准确

既然我们做的是电话营销，客户在和我们接触时，只能听到我们的声音，我们就要保证电话里的每一个字都要清晰准确。语言发音直接影响客户对你的印象。首先普通话要尽量标准，说话的速度要适中，要把每一个字都说清楚。作为电话营销人员，一定要有自我练习，直到你说话的速度发音对方能听清楚为止。其次，要学会发出强调音。一般在产品名称、公司名称、人名都要加重，有利于客户记住。

第七，准确搜集客户资料

很多电话营销人员抱着试试看的态度打营销电话，这样做不仅效率很差，也让人很反感。正确的做法是，能在网上查找到的客户资料，一定要认真阅读，对你的客户做到了解后，再打营销电话，可以做到有的放矢。在网上查不到的客户，看能不能通过传统渠道获得资料，如果也不能，你就要有准备地打一次试探电话，最好能预设几个问题便于与客户沟通。

准备工作已经做好之后，接下来要做的就是打电话给你的客户。常言道"商场就是战场"，营销人员就是冲在商战最前线的战士，要想取得胜利，就必须武装自己，就必须有优良的武器，才能打胜仗。

与客户初步沟通时缺乏信心

有一种说法认为:"营销就是信心的传递。"这话很有道理。但通常营销人员的营销信心总是会遭受无情的打击。在此,我们首先要弄清电话营销信心缺失的原因。

缺乏营销信心的原因主要是主观心态方面的:

(1)姿态过低。通常电话营销人员首先给自己定位就是营销、卖资源,在这种情况下就难以避免陷入低人一等的乞求姿态。其实"只有社会分工不同,没有高低贵贱之分",再大的公司都有自己的难言之隐,都有难以为外人道的难处。电话营销人员是需要把自己定位为资源输出方,而不是恳求对方的姿态。因此,资源输出与输入关系的错位是营销人员信心受打击相当重要的因素。假如电话营销人员把自己从资源的给予方转化为资源的需求方,定会遭遇前所未有的拒绝与挫败感。

(2)心态浮躁。这原本就是个浮躁的社会。越是新人,就越容易有脱离实际的期待,不管是所说的内容还是沟通技巧、沟通的深入程度与营销业绩。总是给自己设定了过高的标准要求,如此就容易产生浮躁心理,而这些因素就导致,一旦遭遇了拒绝,其挫败感就会成倍增加,进而越发影响到自己的信心。

(3)想赢怕输。总以为对方会在电话那头期待着与自己成交,惧怕任何失败与拒绝。特别是在想象之中,总是误认为自己的独特性与闪光点是别人不具备的,失去了那个机会是对方的莫大损失,因而总是在心里设想成交之后自己的成就感。所谓期待越高失望越高,越想赢就越怕输,就越不敢射门,射门的那一脚失误了,就会

越怕射门,因为那意味着露怯,怕再露怯就会畏首畏尾,就会大失水准,信心自然大打折扣。

(4)以自己之短比他人之长。总是有很多类似的产品同时甚至提前出现,这是难以改变的客观存在,即使时间是在我们之后,我们也可以感觉到"人家准备得比我们专业而且充分",即使你是在顶尖场所举办的活动,也会羡慕别人选择举办的地点比你的更好;而且别人的资源整合,别人的亮点及利益点的诠释,别人的严谨性与公信力等,都在我们之上。不是说不要关注别人,但过于关注别人的方案而看到自己的方案的不足,肯定会对自己的信心是一种严重的打击。当对产品本身没有信心的时候,就很难在营销中传递信心了。

(5)经验不足。任何一个电话营销人员都有经验不足的可能,缺乏应对突发情况的心理准备与思想准备,准备不充足就会更加提高被拒绝的概率,并导致信心丧失。因为谁都不知道对面的那个人会提出什么问题来刁难自己,也无法事先去设想出对应的解决方案。任何话术(说话的艺术)不是经过培训出来的,而是需要在简单而重复的实践中磨炼与总结出来的。这是每个营销人员从新人到高手的必经之路。

(6)只想不做。很多电话营销人员都要经历电话恐惧症的特殊阶段,这种现象甚至有经验的电话营销高手都难以避免。除非你找到了适合自己的恰当方式,把心态放得相当平和。电话恐惧症的人,干什么都行,就是不想打电话,甚至一见电话就有恶心想呕吐的感觉。

(7)准备不充分。假如对自己的资料不熟悉,对对方的了解不充分,不知道对方的需求以及自己可以给对方带来的直接利益与间接利益,就会有迷茫的感觉。仓促上阵只会浪费资源,因此电话前的准备不充分，就会在浪费资源的同时，自己的信心也遭遇到打击。

（8）难度提高。原本需要八个电话才能够搞定的客户期望一个电话就成功，原本只有百分之一概率的成功率，却要求每个都成功，最好不遇到挫折与拒绝。假如你认为工作效果就是在煲电话粥甚至是在乞求中达成的，那么你大体是会失去信心，收获失望的。人都是怕自己的"脆弱的小心灵"遭遇伤害。

针对以上所提到的原因，有很多方法可以树立信心，现提出如下简要方法。

第一，充分认识到自身价值

人比人死，货比货扔。没有任何东西是完美的，任何现实的东西都是有缺憾的；特别是产品上不要去攀比别人的产品，更不要看到别人比自己强就惭愧。因为别人也是表面光鲜，也有很多难言之隐。因此，把别人跟自己比是营销中最大的忌讳。要充分认识到自身价值，所提供的机会与所携带的直接资源与衍生资源的价值。在营销中，敝帚自珍是很值得提倡的心态。

第二，准备充分

所谓准备充分不是要抓细节，而是要抓大概的轮廓，要遵循30秒电梯营销的原则，用10秒钟让对方不想贸然挂断你的电话；即使他挂断你的电话，很多时候也不是你没有做好，而是人家确实很忙，或者有更重要的事情需要立刻处理。

你凭什么要求人家随时准备接听你的电话呢？不要强迫人家接受你的垃圾信息，如果真的是垃圾信息，就要尽量避免占用人家更

多的时间；如果是不容错过的黄金信息，那么就用最精当的语言和方式告诉他。

第三，选择性记忆

人都有选择记忆的功能。当你习惯于记得负面消息的时候，信心就会受到打击；所以你需要忘记挫败感，只记得积极信息。即使那真的是负面消息，是否可以从另一个比较积极的角度去解释呢？比如他告诉你"他不感兴趣"，只是对你说的内容、对你说话的方式或者他所感觉到的东西不感兴趣，而不是对你这个人不感兴趣。至少他告诉你他拒绝了什么，而你的执著会让他真正对你有印象，会让他从一个最刁难的客户变成一个优质客户，甚至为你开启一个新机会。即使是最糟糕的负面信息，从另一个角度而言都是值得欣慰的。

只有战胜了最难缠的对手，才能够有最强的成就感。下棋找高手，弄斧到班门，这不单纯是一种精神胜利法，更重要的是通过与高手对招而让自己的功力大增。

第四，后发制人

当你着急要把自己的更多信息告诉对方的时候，能否把发言权给对方。营销者，请先不要滔滔不绝地介绍自己，而是遵循先听对方说，然后自己再说的顺序。你给客户提供的信息是有限的资源，不要把它当包袱与垃圾扔出去，你不考虑对方的切身感受，滔滔不绝地把信息像垃圾一样倾倒给对方的时候，即使你是以善意地帮助对方为出发点，在不了解对方的需求与心理状态的时候，如何能够让对方对你感恩戴德呢？

只有后发制人才能够立于有利地位，才能够发现对方的破绽而拿下对方。而你的信息是去了解别人的工具与武器，由于要让它们发挥最大的价值，需要对方用自己的资源来交换甚至是投资才给的。

第五，管理好时间

最重要的时间处理最重要的事情。准备工作放在工作时间之外，这应该成为时间管理的首要原则。任何工作都有很多准备工作，步调一致才能够有积极的影响，不仅影响到你自己，而且影响到周边的人。只有时间是成为过去就不再回头的，而没有了时间，再高的工作热情、更高的投入都是不顶事的。这不仅体现在电话营销的个人工作上，更体现在项目与企业的整体管理统筹方面。

第六，以小卖小

每个人有短处也有长处，搞营销的人也不例外。比如年龄小是劣势，但小就可以说错话，就可以耍赖、撒娇、不负责任、不怕丢面子露怯。当你用玩的心态去尝试影响并说服客户决策的时候，你已经在试图用适合自己的方法去找回自己的信心了。

第七，创造氛围

你身边的同事会影响到你，也受你的影响，所以在办公室你要遵循从我做起，营造积极的工作氛围的原则。你的客户的态度影响到你的心情，同时你可以影响到你的客户的决策。所以，面对客户，你也要遵循从我做起，把电话沟通引向积极方向的原则。

第八，传达信心

在团队中，信心是在不断传递中的。一旦掉了链子就很难再传递下去，那辆原本就又破旧又笨重的自行车，自己也就只好下来推着走了。这不仅是营销团队之间的信心传递，更包括在层级之间的传递，比如上层对中层、中层对基层，基层对中层、基层对高层等，是相互双向的。

在项目进展中，既然已经明确了方向与目标，就只有前行，别无后路可走。连温总理都多次表示"信心比黄金更重要"，所以在营销与项目管理中的信心比什么都重要。

不善于探询客户需求

很多营销人员花大量的时间学习如何克服客户的拒绝，但却发现客户的拒绝越来越多。为什么？大部分原因是客户根本就没有想去购买你的产品，他的需求还没有成为明确的需求，而营销人员在这个时候去介绍产品，成功的可能性显然不多。面对营销人员的一个挑战就是引导和激发客户。所以，在电话营销中，打电话的目的主要是以建立关系、获取信息和获得营销线索为主。

探询客户需求的一个重要方法就是提出高质量的问题。可惜的是，有不少电话营销人员不会提问题，也没有意识去提问题，他们只会介绍产品。因此，这需要探询客户需求时所要提的问题种类，其实这就是个提问技巧的问题。

第一，获取客户基本信息的询问

探询客户需求，我们到底要探询什么？首先我们应获得客户的一些基本信息。客户的需求是来自于他自身所处的工作环境，正是由于客户所处的环境才使客户产生了某种需求。所以，在探询客户需求的时候，你应当更多地知道客户与你的产品应用有关的环境和信息，以利于你更好地理解客户的需求。例如，假如你营销计算机，你就应当向客户了解：您的公司有多少台计算机？您的业务主要包括哪些方面？您主要负责哪些方面？电脑出现故障的情况如何？您花多少时间用在解决这些问题上？

第二，引发现有问题的询问

除了获得客户的相关基本信息外，还需要知道客户现在对你产品应用方面的态度，尤其是不满的地方，这样以利于后面进一步激发客户明确需求。例如，同样是营销计算机，你就应当向客户了解：对现有系统您最不满意的地方在哪里？都有哪些事情使您很头疼？哪些事情占用了您太多的时间？

第三，激发需求的询问

当找到了客户对现状的不满之后，通过提出激发需求的询问，可以将客户的这些不满扩大成更大的不满意，引起客户的高度重视，提高客户解决这类问题的紧迫性。例如：这些问题对您有什么影响？您的老板如何看这一问题？

避免营销中的低级错误

第四,引导客户解决问题的询问

当客户已经意识到现在所面临的问题的严重性后,通过引导客户解决问题的询问,让客户看到解决这些问题后所给他带来的正面影响,从而促使客户下决心行动。例如:这些问题解决以后对您有什么有利的地方?您为什么要解决这些问题?

第五,探询客户的具体需求

当客户向你表达的是明确的需求时,你就要花时间尽可能多地了解客户更加具体的需求,同时也要知道需求产生的原因,以利于有针对性地介绍你的产品。

例如:我想更多地了解您的需要。您能告诉我您理想中的新电脑是什么样子吗?对于我们台式机的主要特点,即可靠性、稳定性、易服务性、可管理性,您最感兴趣的是哪一点?为什么?除了这一点外,你还对哪些方面感兴趣?您都用您这台电脑做些什么工作?您已经有了一个产品配置呢,还是需要我为您推荐?您希望得到一个什么样的计算机?这对您为什么很重要?您准备如何用这台计算机?请告诉我您要的配置,好吗?

上面这些探询听上去很直接,但对于那些很清楚自己要什么的客户是很奏效的,因为,他们可能就是想听听你的价格而已。

第六,引导客户往下走

在营销过程中,你得引导客户在营销的阳光大道上前进。从最初接触客户,到与客户达成合作协议,有时候一个电话就可以,而有时候可能要持续一个月。在这个过程中,你得引导客户一步步往前走，我们不能被动地等客户来做决策，要记住：我们要帮助客户做决策。

例如：您下一步有何打算？是什么原因妨碍您做出决定？为了得到您的同意，我还要做些什么？为了得到其他人的同意，我又要做些什么？对于我们台式机的主要特点，即可靠性、稳定性、易服务性、可管理性（其他），您最感兴趣的是什么呢？它可以帮您解决什么问题？解决这些问题很紧迫吗？为什么？除了我们以外，还有谁在与您联系？您认为他们什么做得更好？您认为我们现在离合作还有多远？

第七，探询与决策相关的问题

例如：除了您做决策以外，还有谁参与决策过程？您下一步准备做什么？什么对您是最重要的？除了与您谈以外，还需要与谁谈？做这样的决策需要多长时间？您希望分批送货还是一次性？

以上是在探询客户需求时可能问到的问题种类，具体还需要根据不同的情况灵活运用。

如果我们已经对客户的明确需求有了清楚、完全的认识，并经过证实，那接下来我们就要根据经验和专业知识，为客户做有针对性的产品推荐，我们需要提供最适合的产品给客户。

营销人员常见的一个错误就在于对客户的需求还没有搞清楚之前，开始过早地推荐产品。甚至有些营销人员根本不去关心客户的需求，而只是一味地介绍产品。为了使营销更顺利地进展下去，为了减少客户的不同意见，我们要把握好产品推荐的时机，不要过早推荐你的产品。

避免营销中的低级错误

一般来讲,当下列情况同时发生时,你推荐产品获得成功的可能性大大增加:一是当客户有明确的需求的时候,而且你也对这一需求有清楚、完整的认识。二是客户也乐于与你谈时。如果客户时间不方便,换个时间再谈,否则即使谈下去,效果也不会太好。考虑到电话营销的特点,要尽可能在客户表达了需求之后,尽可能早地抓住机会,否则你可能再也找不到他了。

经过判断,你认为进行产品推荐的时机到了,要提到最适合客户的产品了,你该怎么做?应遵循下面所述的推荐产品的三个步骤。

第一步是表示了解客户的需求。例如:刚才您告诉我……(运用客户的话),从这些情况来看,下面的方案对您最适合不过了。我给您做个介绍,好不好?

第二步是根据客户的需求,陈述与客户需求有关的特点及这些特点是如何满足客户需求的。例如:我认为最适合您的掌上电脑是××,这款机器仅有扑克牌一般大,比其他机型都要小,您在外出时可以很随便地装入口袋中,不会有太多的重量。

第三步是确认是否得到客户的认同。例如:您觉得这款机器如何?它符合您的要求吗?当你确认后,若是客户能接受你的建议,那当然再好不过了。你便可以直接进入达成协议阶段。

上面的这些问题都是为了尽可能明确客户的需求,使客户的需求更加具体,也使电话营销人员更清楚地理解客户的需求。需要说明的是,这些问题仅仅是罗列而已,并没有顺序之分。具体问题还要根据与客户沟通的情况来定。有些客户性格很急,当电话销售人员问第一个问题"您可否谈谈您的整个想法"时,他就会把所有的信息都说出来,而有些客户却未必,他可能并不想说太多,可能仅仅会说"我给你讲讲我要什么,你给我报个价就行了"。所以,在电话营销中要运用上述技巧进行灵活应对。

没能与客户保持长期关系

在电话营销中,有相当多的营销人员没能与客户保持长期的关系,而那些经验丰富的电话营销人员却有很多方法与客户保持长期联系。比如打跟进电话,使用电子邮件、短信、信件或明信片,邮寄礼品,开展客户联谊活动,这些都是非常常见而有效的方法。

关于打跟进电话,我们举个例子来说明。当我们在电话中与一些客户初步交流后,客户可能会讲:"好,你给我些资料看看。"而当电话营销人员在发过电子邮件后,再打电话跟进的时候,可能会有如下场景。

营销人员:"今天给您电话,就是想同您确定下资料是否收到。"

客户:"收到,谢谢!"

营销人员"那有什么疑问吗"

客户:"没有,谢谢!"

营销人员:"如果是这样,那让我们保持联系。如果以后有什么需要的话,请随时与我联系!"

客户:"好的,好的,一定,一定!"

这个跟进电话是否成功,相信经验丰富的电话营销人员会说:

"不。"因为经验告诉我们:这样讲的客户80%以上不会再主动与你联系。那么,如何打跟进电话才会既可以推动营销,又可以加强客户对我们的良好印象,保持长期关系呢?

要在第一次电话中确定这个客户是否值得你再次打电话给他,否则,就是在浪费时间。电话目标很重要,像刚才例子中,除了知道客户是否收到资料外,还应尽可能多地提些问题,获取更多的信息。例如:"那这个问题您怎么看?""它对您有帮助吗?""帮助在什么地方?""您建议我们下一步如何走?""为什么呢?"等。

跟进电话在开场白中把这次电话与上次电话的要点和结果联系起来,让客户想起上次谈话的要点,同时陈述这次电话目的,而不是仅仅告诉客户。

例如:"陈经理,我是××××公司的×××,上周三电话结束时,我们约好今天打电话给您。当时,我们谈到的××事情,今天给您电话是我们对这个问题又进行了深入研究,想同您探讨下这个结果,可能会花15分钟左右,现在打电话方便吗?"

打跟进电话给客户时,最好能有些新的、有价值的东西给客户,让客户觉得每次与你通完电话后都有收获。关于这一点,最好能与你的同事一起进行头脑风暴,看看可以找出多少有价值的理由与客户保持联系。例如,你公司最新的产品、同客户约好回电、客户在这期间业务上发生了变化、同客户确定价格等。

例如:"我们公司最近根据客户的要求,开发了一种新的成本更低的产品……最近看到您公司业务在调整,所以,想着您可能会需要我们的帮助……最近在看报纸,其中的一条新闻觉得您可能会感兴趣……我一看到我们的新产品,我第一个想到的就是您,我觉得您可能从中获得利益……我昨天看电视，听到一个主持人的声音特别像您，所以，就打电话给您……"

打跟进电话时尽可能避免只是单纯讲以下话语："打电话给您主要是想看看您最近好不好……看看您是不是有什么变化……很久没有联系了，觉得应当给您打个电话……只想看看您是否准备好……看是不是有些什么东西是您需要的……"

跟进电话的一般流程：表明身份，"我是××企业的×××"；从某点上过渡到这个电话目的，"上个星期您提到……"；打电话目的，"今天就是同您一起具体探讨那个降低成本的计划的"；确认客户时间是否允许，"可能要花10分钟时间，现在方便吗？"提问问题把客户引入会谈，"您对我提交给您的新方案有什么建议？"

此外，跟进电话要做好计划，识别有价值的客户进行跟进，根据不同类型的客户确定电话跟进的频率。最好使用一个客户联系软件来管理你的客户，以提高效率。

作为电话营销人员，除了电话以外，还可以通过以下常用方式与客户保持接触。如使用电子邮件、短信、信件、明信片、邮寄礼品、客户联谊等。

通过电子邮件群发，可以与所有的客户保持一个比较密切的联系，像节日问候、新产品介绍等都可以通过电子邮件来完成。通过电子邮件与客户保持接触要注意以下几点：一是征求客户的意见，得到客户允许你才可发电子邮件给客户。当然，我们也可以找些客户最感兴趣的资料给客户，这样，也可以加强与客户的关系。二是选择简讯内容。简讯内容也很重要，最好是对客户有价值的信息，否则的话，慢慢地，我们的邮件就成了垃圾邮件，反倒会损害客户

关系。三是简讯制作要专业、醒目。这样，容易吸引客户去阅读里面的内容。四是要体现出个性化。电子邮件群发要体现出个性化，要让每个接到电子邮件的客户都认为这个邮件是发给他个人的。

随着手机的普及，很多人也已经习惯了接收短信。从电话营销的角度来看，短信也会是一个比较好的与客户保持长期接触的方法。短信最常用的应用领域是节日问候、生日祝福等。使用短信时有一点要慎重：那就是产品和服务介绍。当我们准备通过以短信的方式向客户介绍产品或者服务时，最好要预先告诉客户。要注意这里指的是客户，是指自己的目标客户，而不是盲目地从什么渠道获取些手机号码就向他们发短信，这样做的结果只是招来手机用户的投诉。向自己的客户进行短信群发，效率又高，成本又低，是一种十分不错的与客户保持接触的方法。

信件或明信片也是很好的方式。汽车营销大师乔·吉拉德为了与自己的客户保持联系，每个月都会寄出1.5万封的明信片，这样客户始终没有办法忘记他，即使自己暂时不更换汽车，也会主动介绍客户给他。相信这也是乔吉拉德成功的关键因素之一。

作为电话营销人员，同样也可以采用这种方法与客户保持联系，只是，现在信息技术的发展与乔·吉拉德时代已很不相同，很多营销人员用电子邮件的方式代替明信片和手写信件，毕竟成本会降低，效率都会提高。不过，作为传统的手写信件或明信片在营销中确实也有不可估量的作用，毕竟现在生意人收到信件的数量在大大降低，而我们采用信件或明信片，此时却可以给客户与众不同的感觉。而且手写信件或明信片可以与电子邮件搭配使用。

到了节假日来临的时候，通过短信和电子邮件向客户问候的方式已非常普遍，但除此以外，在条件允许的情况下，最好能给客户寄些实质性的礼品，这是实施情感营销中必要的一个环节。小小的礼品，不一定很昂贵，但客户却马上接受了你。

现在不少企业为了更好地为自己的客户服务，都成立了自己的大客户俱乐部，定期举办各种主题的客户联谊活动，以进一步增强客户关系。这种方式特别适合那些以关系为导向的电话客户经理，也适合业务地域比较明显的行业，例如电信行业、金融行业等。

对于电话营销人员来讲，要把客户当成终身的合作伙伴来看待，来经营这些关系，而不是单纯来营销产品给客户！一旦我们有了这样的想法和理念，相信那些合格的电话营销人员会马上行动起来，来与客户建立长期关系，以获得更稳定的营销业绩！

忽视电话协议后的跟进工作

有的营销人员忽视电话协议后的跟进工作，就是说在电话中与客户达成协议，没有进一步确认报价单、送货地址和送货时间，以至于后来出现不必要的误会。其实，到了这个阶段，应该根据不同类型的客户采取不同的跟进策略。

在电话营销中，我们所有的判断都要通过电话来进行。对于组织采购而言，很多项目都是由不同部门的相关人员参与的，我们可以与不同的部门联系，听取他们对项目的看法，从而了解真实的情况。作为一个电话营销人员，对一个企业至少要联系三五个人才能真正把握到真实的情况。有时候，我们可以采用直接的方法，例如："陈总，像目前这种情况，我的经验判断有两种结果，一是你们还没有

做出要选择哪家公司的决定,另外一种是你们其实已做了决定。虽然我很想帮助您,但我更不想耽误您的时间,所以,您可否告诉我您属于哪一种情况?"采用直接方法确认的时候,你一定要表现出真诚和认真,让客户也认真对待。有时候从客户讲话的语气中,我们可以判断出客户对我们的态度,例如,客户不冷不热、懒洋洋的语气基本上说明对我们不是很感兴趣。

其实,电话协议后的客户基本上可以分为三大类,即已下订单的客户,近期有希望的潜在客户和近期没有希望的潜在客户。针对以上不同的客户,我们应采取的策略是不同的。

先来看对已下订单的客户的跟进策略。

对于客户而言,是不是我们完成了营销工作就可以袖手旁观了呢?事实上,达成生意才仅仅是营销的开始,而不是结束。尤其是我们与客户刚刚达成生意的一段时间,由于双方在这之前没有合作过,彼此的了解是建立在口头及书面资料的基础之上,并没有实际的了解,他对我们的产品和服务也只是通过各种其他渠道所取得,有可能会有误解发生。所以,在给客户所发的第一单生意时,一定要严格注意这些事项:确保质量及服务;按时送货;在客户收到货物后提醒客户尽快开箱检查;向客户询问使用情况等。

确保质量和按时送货,本来是客户应有的权利,按正常情况是应该完全遵守的。但由于各种原因,例如存货、原料供应等问题,这就要求一方面我们在营销之前,就要向客户讲明这一点,以管理客户的期望值。另一方面,当客户下单以后,我们要尽我们最大的努力来确保质量和及时送货。

提醒客户开箱检查,一方面可给客户一个印象,我们很关心他们,另一方面也确实是希望能将可能的问题尽早发现及解决。如果我们不这样做的话，可能会发生什么事情呢？例如，一批货物到了一个客户手里，这个客户不一定很急着用，可能把这批货物放在仓库里。但三个月过去后，这个客户可能会打电话过来找你，说你上次给他的货质量有问题。这时，你再去解决的话，可能要花很大的工夫，包括公司内部及外部等。所以，我们要提醒客户开箱检查。

在客户使用几天以后，我们要打电话去问问，客户对这批产品的意见是什么，使用起来有什么问题，以便及早解决。我们在前面的客户采购过程分析中也提到过，在最后的一个阶段，就是客户做了购买的决定之后，在刚刚使用产品或者服务的时候会有一个再评价的过程。在这个过程中，综合来讲客户会比较满意，但还会有不满意的地方，这是一个正常现象。但此时如果我们忽视了客户的这个感受，就会给客户一种人走茶凉的印象。客户会认为我们拿到了生意就再也不管他们了。试想，如果客户是这样想的话，在竞争如此激烈的今天，我们下一次再拿到他订单的可能性会有多大呢？

在经过了上述的工作之后，客户就会进入对我们的产品比较满意的阶段。在这种情况下，我们需要的是如何提高客户的忠诚度，也就是让客户再次光顾我们。想想看：我们的客户是如何来的呢？是从竞争对手手中抢来的。为什么我们可以从竞争对手那里将他们抢过来呢？是因为我们的产品比他们的好？是因为我们的价格比他们低？还是因为我们营销人员营销技巧比他们运用得好？这些都可能是原因。但最根本的原因还是客户对他们以前的供应商的不满，正是这种不满才给了我们机会。同样的道理，如果我们的产品及服务不能使客户满意的话，我们的客户迟早也会走掉。所以，提高客

户的忠诚度就会是我们面临的一个极为艰巨的挑战。

如何提高客户的忠诚度呢？从优质的客户服务开始，从双方致力于发展长期的合作关系开始。

提高客户的忠诚度所带给我们的不仅是一笔更大的订单，客户还会介绍更多的客户给我们。

再来看对近期有希望的潜在客户的跟进策略。

对于这类客户，我们的重点是争取让客户下订单给我们。通过前面我们与客户的接触，我们发现这类客户对我们的产品及服务有明确的需求，但却没到他们下单的时机。这类客户在客户决策周期是处于哪个阶段呢？在这一个阶段的客户，他们在做什么工作呢？在这一阶段，客户那里都会发生什么事情呢？比如：客户处在分析、调查、论证阶段；客户在决策；客户在与其他公司接触以评估比较；我们对客户的需求有误解；客户可能在欺骗我们等。

对于这类客户，从整体上来讲，分为三种情况：一种是客户确实是有这种需求，而且也愿意给你营销机会；另一种是客户本来有这种需求，但他们从内心深处根本就不想给我们机会，只是在表面上给我们一种我们还有机会的印象；还有一种是客户没有需求，只不过是我们误解或者是一相情愿认为客户有这种需求。

这一阶段我们要想做好工作，分析判断客户属于哪一种情况就变得极为重要，如果我们判断错误的话，对我们制定营销策略将产生很大的影响。

最后来看对于近期内没有合作可能性的客户的跟进策略。

针对这种客户，最好是通过电子邮件、直邮等形式与客户保持联系，同时，每三个月同客户通一次电话。这样，可以让客户感受到你的存在，当他需求自发产生的时候，能主动找到你。这样，你可以用最少的时间来建立最有效的客户关系。

总体来讲，无论对于哪一类客户，我们都应当努力做好跟进工作，致力于与客户发展长期的合作关系。只不过对于客户，我们的重点是在做好服务的同时，尽可能地渗透，提高客户的忠诚度；对于潜在客户，我们的重点则是争取试单。

不注重自己在电话中的感染力

很多电话营销人员在营销过程中，不注重自己在电话中说话时的诸多细节，如声音是否甜美、有磁性，思维是否敏捷、清晰，态度是否亲切、耐心，是不是太过热情，是不是有问必答等。无论是面对面与客户沟通，还是通过电话与客户沟通，感染力无疑都是影响沟通效果的一个重要因素。当我们通过电话与客户沟通时，我们与客户相互看不到，那这种感染力从常规上讲将更多地体现在你的声音和你的措辞上。

电话沟通中的感染力主要来自于三个方面：声音、措辞以及身体语言。事实上，作为一个电话营销人员，如果想提升自己在电话中的感染力，只有从声音和措辞方面入手。只是有一点我们要注意，虽然电话中我们与客户双方彼此看不到，但这并不等于说我们的身体语言不会影响感染力，因为你的身体语言是会影响到你的声音的。

第一，有效运用你的声音感染力

强有力的声音感染力会使你的客户很快接受你，喜欢你，对你

建立瞬间亲和力有很大的帮助。从沟通要素来看，声音感染力来自三个方面：声音特性、你的措辞和你的身体语言。

声音特性主要因素有积极、热情、节奏、语气、语调和音量。

积极的心态会使你的声音听起来也积极而有活力。积极的心态不仅对电话营销，对任何一种形式的营销来讲都很重要。电话营销中积极的心态会形成积极的行为。积极，也就意味着无论什么时候，在你给客户或客户打电话给你时，你都应向着对营销有利的、推动营销进展的方向思考问题。

举个简单的例子，以前一个电话营销人员告诉我这样一个事情：他正在与一个很重要的客户谈一笔对他来讲很重要的业务，客户已处于决策最后关头，他想打个电话给这个决策者，但他又不敢，他担心他所得到的是他不愿意看到的结果。在他的脑海中一次次地重复着他被客户告知他们已经没有希望的情景，这其实是他自己的幻想。最后，当他经历了长时间的痛苦后，在无可奈何的情况下，有气无力地、勉强给客户打了个电话，结果发生了什么事情？在电话线的那一端，客户很热情地告诉他：他们已经决定与他合作了。这个营销人员听后长长地舒了一口气。

其实在很多情况下，我们所有那些消极的想法都是我们自己给自己施加压力所致，事实上我们完全没有必要这么做。所以，如果你以前也经常消极地面对客户的话，从现在开始，就用你积极的心态去面对你所遇到的每一个客户吧，你会发现，奇迹真的会发生。

热情可以感染客户，这是毫无疑问的。在我们与客户见面时，双方产生热情，这是一个十分自然的过程。但在电话营销中，要做到这一点，就有一定的难度。我们中的很多人在与客户见面交谈时，即使交谈了很长一段时间，仍然可以说是精神抖擞，但在电话中，却很容易感到疲倦。所以，产生热情并不太难，难就难在整天都保持高度的热情。不过这也难怪，无休止的电话一个接一个，再加上工作的压力，就不难理解了。

如何在电话中始终保持高度的热情呢？不妨打一段时间电话休息几分钟；喝一杯自己喜欢的饮料；四处走走，活动活动；做深呼吸。

节奏一方面是指自己讲话的语速，另一方面也是指对客户所提问题的反应速度。你有没有这样的经历，当你自我介绍："我是天伟公司的李超"客户在电话那边讲"什么什么，你说什么？"客户显然没有听清楚你在讲什么，尤其你讲的公司对他来说是陌生的。自己讲话速度太快，可能使客户听不太清楚，从而使客户失去兴趣；而太慢的语速往往又会缺乏激情。

另外，对客户的反应速度也很重要。对客户的反应如果太快，例如，客户讲："我说这件事的主要目的是……"这时营销人员讲："我知道，你主要是为了……"因为营销人员知道客户下面要讲什么，他打断了客户。这种情况会传递一种不关心客户，没有认真倾听的信息给客户。注意，这时候，我们不是做抢答题，当然，太慢也不行。

感染力也体现在讲话的语气上。与客户通电话时，所用的语气也很重要。语气要不卑不亢。即不要让客户感觉到我们是在求他们，例如："你看，这件事情，啊，全靠您了"等，这种唯唯诺诺的语气只会传送一种消极的印象给客户，而且也不利于建立专业形象。试想：有哪一位专家是在求人呢？当然，我们也不要让客户感觉到我们有股盛气凌人的架势，例如："你不知道我们公司啊？"

语调不能太高，如果是男声，低沉、雄厚、有力的声音会更具有吸引力，特别注意男声不要太尖，或太似女声，娘娘腔。同时，讲话时语调的运用要抑扬顿挫。

太过平淡的声音会使人注意力分散，产生厌倦，尤其是我们要解释一个重要的问题，且所花时间比较长的情况下。在重要的词句上，我们要用重音。例如，营销人员讲："我建议我们现在就采取行动"。这句话中，行动是重点，要用重音强调。当然，我们也应当注意客户所强调的重要词，这就需要我们有良好的倾听的能力。

音量当然不能太大，太大有些刺耳，当然太小对方听不到。把握音量最好的办法是请你的同事或朋友帮忙，让他们听听你在电话中以怎样大小的音量讲电话会最好。同时，由于电话营销人员都配有专用的电话耳机，耳机中话筒的位置也很重要，不要直接对着嘴部，要放在嘴的左下角，这样对保持正常电话音量和音质有很大的帮助。

第二，让你的措辞具有感染力

措辞的要素主要有简洁、专业、自信、积极、停顿、保持流畅。

由于在电话中时间有限，加上与我们通电话的人都很忙，所以，在电话中使用简洁的用词就十分重要。

简洁，一方面是指用词要简洁，例如："我是北京的、××公司的、我叫陈××，我们是提供电脑培训服务的。"这是一个公司的电话营销人员的开场白，如果你是客户，听到这样的话，有何感想？这句开场白其实可以用一句话来表达："我是北京××公司的陈××，我们主要提供电脑培训服务。"在电话中，我们在不影响沟通效果的前提下，尽可能用更简练的话来表达。

另一方面也指在电话中尽量不要谈及太多与业务无关的内容。这一点尤其是当我们的客户属于"老鹰型"的人时，尤为重要。当然，为了与客户建立关系，适当地谈些与个人有关的内容是十分有必要的，但要适可而止。不要耽误自己的时间，也不要占用客户太多的时间。

作为一名顾问式的营销人员，产品、行业、竞争对手等方面的专业知识无疑是很重要的，这种专业性只有通过声音来传递。如果我们在客户面前丧失了专业性，客户还会相信我们吗？当然要注意的是在电话中尽可能不要使用技术性专业词汇，除非你知道对方是相关方面的专家。

如何才能提高我们的专业性？一方面同我们的专业知识有关，另一方面我们也要注意在我们的言辞上要自信，用肯定的语气。这里面就要我们谈到另外一个话题。

从讲话方式上，逻辑性强的语句更易建立专家形象。例如，当客户问到一个你专业上的问题时："你们网络系统的可管理性是指什么？"你应回答："可管理性主要是指，第一……第二……第三……"，当你有理有据地讲出一二三点时，你的专业能力就会增加，你在客户心目中的地位就会增加，信任也更容易建立起来。

自信与专业性不同，专业水平高的人不一定自信，而且自信和谦虚又不同，中国人自古以来就是以谦虚自称，但在营销中谦虚并不是一件好事。为了保持自信，我们在语气上，在措辞上要用肯定的，而不应该是否定的或是模糊的。例如，当客户问电脑公司的营销人员："你们的刻录机是几倍速的？"营销人员讲："我们的刻录机可能是4速吧。"换成你是客户，你有何感想？"可能是"、"应该是"、"也

避免营销中的低级错误

许吧"等,这些都是不确定的词汇,这表明你缺乏信心,这也会影响你的专业水平。当然,对你的感染力也具有负面影响。在营销中,我们要避免使用这类词语,要换成更为积极的词汇、更为肯定的语气。

有些时候,要态度坚决地表示肯定,而不能有丝毫犹豫,你的一点儿犹豫可能会让客户失去对你的信心。例如,当客户讲:"你们能不能让我在星期四收到货?"如果你是可以的,这时应斩钉截铁地讲:"可以,绝对可以,没问题",这样才可以进一步强化客户的信心。对于自己实在不清楚的东西,要找到正确的答案以后,再告诉客户。

另外,对于一些刚刚从事电话营销的营销人员,由于经验不够,再加上紧张,可能使你讲起话来都有些发抖。这种情况在你不自信的情况下也会发生。当你对某件事不能很确定的时候,你讲起来心里面其实是很虚的,心虚就如同说谎话一样,会让你声音发抖。发抖的声音给人的感觉是紧张和不自信,这可能会让客户感到你可能在讲假话,会让客户怀疑他的时间是否花在了不必要的事情上面。克服这一点最好的方法就是一定要对自己的产品充满信心,即使你知道你的产品存在这样的不足,但看问题要看好的方面,因为你的产品有不足,你的竞争产品同样存在不足。我们要向客户强调的是我们的价值,而不是我们的弱势。另外,深呼吸,以及充分的准备,也能帮你增强信心。

我们要尽量使用积极的措辞来代替消极的措辞,例如:"我想了解一下今年你们电脑的使用情况"。这句话中,哪一个词用得不太好?显然是"了解","了解"是谁在获益,是营销人员。如果我们将这个词换成"咨询"或者"请教"的话,客户的感觉肯定会好很多。

假如你的客户在电话中告诉你:"我觉得你们的专长是在战略咨询,而不是人力资源管理咨询,我们需要人力资源管理咨询方面的专业公司。"这时你可能会说:"我了解您的想法,我们虽然只有几次人力资源项目的经验,但我们丰富的管理咨询经验会帮助您实现项目目标……"如果我们换种方法,用积极的方法来表达的话,可能就是:"我了解您的想法,我们已经在人力资源管理咨询方面有过成功的项目经验,再加上我们在其他项目领域丰富的咨询经验,一定会帮助您实现项目目标……"这两种不同的表达方法已经给客户留下了不同的印象。

在电话营销的几个要素中,停顿也很重要。我们为什么要停顿?停顿可以吸引客户的注意力,停顿也会让你的客户有机会思考,停顿也可以让你的客户主动参与到电话沟通中来,停顿也会使你与客户的沟通更有趣味。

举例来讲,在电话营销中,让很多营销人员都十分头疼的一个问题就是如何判断客户是在听你讲话呢,还在想什么其他的事情。你怎么办?最好的办法就是停顿!当我们停顿的时候,你根据客户的反应就可以知道他们有没有在听你讲。当然,他们有没有及时给你反馈也是判断的一个重要办法。

如果你在电话中听到对方这样对你讲:"嗯,啊……怎么说呢,就是说",你的感觉会怎样?甚至有的营销人员在讲话的时候,还伴随有嘴巴的一些"啧啧声",你的感受又是怎样呢?你接下来想做什么?大部分人想的和采取的行动都是赶紧挂掉电话吧,他们不愿意跟一个连讲话都不能很流利的人在电话中沟通,他们会觉得很难受,相信你肯定也会有这种感觉。

在电话中你的感染力也体现在你讲话的方式上,其中重要的一点就是:流利。同时,讲话是否流利也会影响到你在客户心中的专业程度。

第三,用你的身体语言来影响你的声音感染力

在电话营销过程中,最为常见的可以影响声音感染力的身体语言包括微笑、坐姿和手势。

微笑确实可以改变我们的声音,同时也可以感染在电话线另一端的客户。你的微笑不仅可以使你充满自信,同时也将欢乐带给了客户。想象着电话线另一端的客户,当他听见你的"微笑"的时候,他自己是不是也笑了?

除了微笑以外,你的坐姿、手势也很重要。有时候你可以站起来打电话,而不一定坐着。站起来的时候,你的声音会更舒畅,再加上手势的运用,你可以感觉到你就像是面对面在与客户交流。

电话营销中不分对象

通过电话与客户沟通时,由于时间短,客户很容易讲"不",而且挂掉你电话的情况时有发生。对于电话营销人员来讲,在电话中与客户建立融洽关系,将是推动电话交流的一个基础。但很多电话营销人员恰恰就不擅长区分客户对象,致使营销业绩受到很大影响。为了我们继续将电话沟通进行下去,为了客户更乐于与你在电话中交流和沟通,我们就必须在电话中与客户建立融洽关系。

所谓融洽关系,也就是指双方在一起交流和谈话时,有一种愉悦的感觉，客户会感到很高兴能与你在电话中交流。事实上，不同人的性格特征直接影响着沟通效果。作为电话营销人员，为了在电话中与客户建立融洽关系，为了更有效地营销，我们必须了解和掌握不同人的性格特征，并学习如何适应不同性格的客户。

中国有句古话："人以群分，物以类聚。"由于各种因素的影响，每个人都会有自己的行为模式，并对其他人的行为模式产生不同的反应。同样一件事，不同人的看法会有很大的差别。同时，营销沟通理论的研究也发现，客户往往对那些行为方式与自己更相似的人产生好感，并从他们那里购买产品。

如果你曾经去过动物园，你可能会见到老鹰、孔雀、鸽子和猫头鹰。现在请思考这些动物都有什么典型的性格特征呢？我们将人的性格特征和行为方式按照行事的节奏和社交能力（与人打交道的能力），分为四种类型，即老鹰型、孔雀型、鸽子型和猫头鹰型。

第一，老鹰型

老鹰型的人的性格特征属于做事爽快，决策果断，以事实和任务为中心，有些人对他们的印象是不善于与人打交道。他们常常会被认为是强权派人物，喜欢支配人和下命令。他们的时间观念很强，讲求高效率，喜欢直入主题，不愿意花时间同你闲聊，讨厌自己的时间被浪费。

他们在电话中往往讲话很快，音量也会比较大，讲话时音调变化不大，可能面无表情。他们可能急不可待地想知道你是做什么的，可以提供什么东西给他们，所以，他们可能会严肃或者冷淡地讲："什么事？你要干什么？"；他们喜欢与人竞争，可能会在电话中刁难你，

例如，他们会以质问的语气问："你同我谈谈这件事到底该如何解决？"以显示他们的权威。如果你与他们建立起信任关系，他们喜欢讲而不是听。但由于他们讨厌浪费时间，所以，在电话中同这一类型的客户长时间交谈有一定难度，他们会对营销活动主动提出自己的看法。

他们追求的是高效地完成某个工作，再加上他们时间观念很强，所以，他们考虑的是他们的时间是否花得值；他们会想尽办法成为领先的人，他们希望具有竞争优势，向往第一的感觉，所以，他们往往通过变革来达成这一目标；同时，权力、地位、威信和声望都对他们产生极大的影响；他们需要掌控大局，往往是领袖级人物或想象自己是领袖级人物；对他们来讲，浪费时间和被别人指派做工作，都将是难以接受的。

如何与老鹰型性格特征的人通过电话打交道呢？

由于时间对他们来讲很重要，所以，你要直入主题。例如，开场白尽可能短，可以直接讲你打电话的目的："陈总，今天打电话给您的主要目的就是想同您探讨一下先进的电脑系统是如何帮您获取竞争优势，使您成为行业领先的人的"。你讲话的速度应稍快些（同他差不多），以显示出你尊重他的时间，同时也表明你的时间也是宝贵的；如果你是主动打电话给对方的，最好做充分的准备，你要一针见血地指出对方所存在的问题，以击中要害。总体上来说，你要是一个有竞争力的行业内的专家，这样才可以更吸引他。举例来讲，他会提出些问题，甚至是质问你，如果你不能很好地回答，那么你对他的吸引力就大大降低；在与他们探讨需求时，尽可能地使用可以刺激他们需求的话语和词汇，如：高效、时间、领先、竞争优势、变革、权力、地位、威信、声望和掌握大局等。

由于老鹰型的客户做决策会比较快，所以，你要随时做好谈成生意的准备，不要理会他们是如何做决策的，跟上他们的节奏，尽快签单吧。

对于老鹰型的客户，你要时刻注意不要浪费他们的时间，电话要高效，千万别指望在电话中同他们闲聊，谈完正事，马上结束电话。另外，你也不可以以命令的语气来同他们沟通。

在大部分情况下，为了将营销活动向前推进，你可以提供更多的选择给客户，让客户自己做决定如何选择。如提供两个项目建议书、两种产品或服务等。但在有些时候，在他们身上，典型的二择一法甚至都可能失去作用，因为他们喜欢自己拿主意。这样的方法，很可能会被对方认为是你在操控他们，而他们所惧怕的就是被人操控。所以，如果你的客户是非常典型的老鹰型的客户的话，你最好不要使用那些已经被大家都熟悉的所谓的"技巧"，以便让你的客户在更舒适的情况下自己做决策。

第二，孔雀型

孔雀型的人基本上也属于做事爽快，决策果断。但与老鹰型的人不同的是，他们与人沟通的能力特别强，通常以人为中心，而不是以任务为中心。如果一群人坐在一起，孔雀型的人很容易成为交谈的核心，他们很健谈，通常具有丰富的面部表情。他们喜欢在一种友好的环境下与人交流，社会关系对他们来讲很重要。你对他的印象可能会觉得他平易近人，朴实，容易交往。

孔雀型的人在电话中往往讲话很快；音量也会比较大；讲话时音

调富有变化，抑扬顿挫；你当然也可以想象到他们在电话那端的丰富表情；同时，他们在电话中也会表现得很热情，对你很友好，你可能在电话中经常会听到对方爽朗的笑声。当你与他们通电话时，刚一通上话，你可能听到他们热情的声音："啊，你好，你好！"他们经常对营销活动主动提出自己的看法；他们会主动地告诉你："这件事啊，你还是找陈经理谈谈吧，他知道得会多些，我告诉你他的联系电话"；他们往往对你所讲的东西反应迅速，有时会打断你。他们有时也会在电话中同你开开玩笑，而且你甚至可以想象到他们的手势在变化，或者可能会在通电话时走来走去。

孔雀型的人追求的是能被其他人认可，希望不辜负其他人对他们的期望。他们渴望能成为其他人关注的对象，他们希望能吸引其他人。同时，对他们来讲，得到别人的喜欢是很重要的。

对他们来讲，与认识的每一个人建立关系是重要的。他们期望能树立自己的影响力，而失去影响力对他们来讲是可怕的。由于他们往往不会关注细节，所以，他们希望过程尽可能简单。同时他们也喜欢有新意的东西，那些习以为常、没有创意、重复枯燥的事情往往让他们倒胃口。

如何与孔雀型性格特征的人通过电话打交道呢？

由于孔雀型看重关系，对人热情，所以，作为电话营销人员，你在电话中要向他传递一种你也很看重关系、也很热情这样的信息，这对吸引他们显得很重要。在电话中，不用像与老鹰型的人沟通那样直接进入主题，你可以与孔雀型的人在电话中闲聊一会儿，这对建立融洽关系是有帮助的。你可以讲："陈总，我会经常与您保持联系，并随时与您探讨使您更具影响力的机会。"从而显示你对关系的看重。

由于孔雀型的人乐于帮人，也很健谈，所以，通过有效的提问，你可以从他们那里获取很多有价值的信息。你可以用一种富于弹性、充满激情的语气讲："陈总，太感谢您了，我就知道您肯定可以帮到我。我想请教一下，您如何看待……"

在电话中，要将你的注意力完全放在他们身上，并让他们注意到这一点，从而可以显示你很看重他们，他们对你来讲很重要。在与他们探讨他们的需求的时候，尽可能地使用可以刺激他们需求的话语和词汇。

第三，鸽子型

鸽子型的人友好、镇静。他们做起事情来显得不骄不躁，属于肯支持人的那种人。

鸽子型的人在电话中往往讲话不快，音量也不大，音调会有些变化，但不像孔雀型的人那么明显。他们从容面对你所提出来的问题，反应不是很快，你可以想象到，他们在讲电话时的神态是安静地坐在那里，在倾听你的讲话，他们是很好的倾听者。在回答你的问题的时候，也是不慌不忙。虽说他们对你的营销工作不会像孔雀型那样主动提出看法，但基本来讲，他们会配合你的营销工作，只要你能更好地引导他。

鸽子型的人需要与人建立信任的关系。他们不喜欢冒险，喜欢按程序做事情。他们往往比较单纯，个人关系、感情、信任、合作对他们很重要。他们喜欢团体活动，希望能参与一些团体，而在这些团体中发挥作用将是他们的梦想。

他们做事以稳妥为重,即使要改革,也是稳中求进,甚至有时会抵制变革。他们也往往会多疑,害怕失去现有的东西,安全感不强,他们不希望与别人发生冲突,在冲突面前可能会退步,所以,在遇到压力时,会趋于附和。

如何与鸽子型性格特征的人通过电话打交道呢?

同鸽子型的客户通电话,你要显得镇静,不可急躁,讲话速度要慢,音量不要太高,相对要控制你的声音,并尽可能地显示你的友好和平易近人,表现得要有礼貌。你要柔声细语地与对方沟通,即使你想发火,语气也要温柔得像个鸽子。

由于他们平时行事速度较慢,建立关系也需要一定的时间,所以,不可以在电话中显得太过于热情,以免引起对方怀疑。你要尽可能地找到与对方共同的兴趣、爱好,并通过这些与客户建立起一定的关系。因为对方难以在很短的时间内建立起信任关系,并怀有一定的疑心。所以,在涉及你自己事情的时候,要坦率、真诚,积极倾听,要表现出你具有与对方建立信任关系的兴趣。你与他的关系要花时间来建立,不可强迫对方做他们不愿意做的事情。

第四,猫头鹰型

猫头鹰型的人很难看得懂,他们不太容易向对方表示友好,平时也不太爱讲话,做事动作也缓慢。对很多人来讲,猫头鹰型的人显得有些孤僻。

猫头鹰型的人在电话中往往讲话不快,音量也不大,音调变化也不大。他们往往在电话中并不太配合你的营销工作,不管你说什么,他们都会"嗯,嗯",让你显得无从下手。他们讲起话来,一般毫无面部表情。如果你表现得很热情的话，他们往往会觉得不适应。而且，往往并不喜欢讲话，对事情也不主动表达看法，让人觉得难以理解。

猫头鹰型的人需要在一种他们可以控制的环境下工作，对于那些习以为常，毫无创新的做事方法感到很自在。由于他们不太喜欢与人打交道，所以，他们更喜欢通过大量的事实、数据来做判断，以确保他们做的是正确的事情。他们最大的需求就是准确、有条理，做事有个圆满结果，避免出差错而使他们的名声遭到损害。他们工作认真，讨厌不细致、马虎的工作态度。

如何与猫头鹰型性格特征的人通过电话打交道呢？

作为电话营销人员，你对待他们要认真，不可马虎，凡事考虑得要仔细，注意一些平时不太注意的细节。在电话中，不可与他们谈论太多与电话目的无关的东西，不要显得太过热情，要直入主题。如果他们愿意与你在电话中谈的话，你要提供更多的事实和数据，以供他们做判断。而且，提供的资料越细越好，并经常问他们："还有什么需要我提供的？"和与孔雀型的人打交道不同，你不可以让对方感到有什么意外（孔雀型的人喜欢变化和刺激）。举例来讲，如果你原先与他探讨的计划出现问题，你要改变计划，一定要与他先商量，以让他有所准备。在电话中，你要表现得一丝不苟，有条不紊，给对方留下你是个事事有计划的人的印象。

在理解了人的性格特征之后，接下来对电话营销人员一个重要的挑战就是：如何通过电话识别不同性格特征的客户，并与之相适应。

在电话中由于我们看不到对方，所以，只能依靠对方的声音要素和做事的方式来进行判断。但由于我们第一次与客户在电话中交

流时，可能对客户的做事方式了解得还不够，所以，声音要素就成了我们在第一时间判断客户性格特征的重要依据。作判断用的声音要素主要有：热情、音量、节奏等。

通过声音要素和对方做事的方式，来判断对方的节奏和社交能力，从而来判断他们的性格特征。对方讲话速度是快还是慢？声音大还是小？一般来讲老鹰型的人和孔雀型的人讲话声音会大些，速度会快些，而鸽子型和猫头鹰型的人则相反。所以，通过对方讲话的速度和音量可以判断他是属于哪种类型的人。

客户的社交能力，我们可以通过电话来感觉对方是热情还是有些冷淡？对方在讲电话时是面无表情呢，还是眉飞色舞？对方是否友好？一般来讲，老鹰型和猫头鹰型的人，在电话中会让人觉得有些冷淡，不轻易表示热情，你可能会觉得较难打交道；而孔雀型的人和鸽子型的人则是属于友好、热情的。

对于那些性格特征比较明显的人，我们基本上可以通过电话，在第一次与客户接触时，就可以判断出你的客户是属于哪种类型的人。但由于你在与你的客户通电话时，你的客户当时的心情、工作状态会对他的声音、情绪等方面产生影响，所以，你的这种判断仅为初步想法，并不能保证百分之百的准确。

况且，人的性格特征是复杂的，我们并不能说老鹰型的人只具有老鹰型的人的性格特征，而是指他在大部分情况下，老鹰型的性格特征比较明显，但在有些场合下，他可能具有其他性格特征。但对于那些性格特征十分明显的人，这种变化不会太大。所以，对于那些性格特征很明显的人，我们可以通过电话中的初步交流就可以判断出来，但对于那些性格特征不是很明显的人，则很难一次性判断，这就需要我们经过几次的电话接触,从他做事的方式,也就是行为特征上来进行判断。

不习惯赞美对方

赞美对方是电话沟通中的润滑剂,它可以让我们更好地与客户建立融洽关系。只是由于各种原因,我们大部分人都不太习惯赞美对方,即使心中觉得对方在某些方面值得我们赞美,但都不会轻易表达。学会赞美对方,我们需要做到:随时随地找到对方的优点,并随时表达出来。

第一,赞美对方的声音

在电话中,你首先接触到客户的什么方面?是声音,你当然可以先从声音入手。从声音特性入手赞美对方时,最好是在异性之间进行。例如,如果你是一名男性营销人员,当你的客户是女性时,你赞美她的声音所起的效果往往比你赞美一个男性客户要好。

比如一个女营销人员,她打电话给一个培训老师,告诉老师她想参加电话营销的培训课程。但女营销人员讲的第二句话是:"张老师,您的声音可真好听,很像我一个很好的朋友。"当这位老师听到这句话时,一下子就感到同她近了很多。之后,她告诉老师说她很想参加他的课程,很想学习,但由于刚毕业,在经济上暂时还很难承受,所以,希望给她一个免费的名额。结果是什么呢?这位老师已经很难拒绝她了。

第二,赞美对方的专业

除了声音以外,另一个最容易赞美的地方是与客户的专业和工作相关的东西。例如,你在为你的管理咨询服务寻找营销线索,当你打电话给对方时,接电话的可能不是负责人,比如是前台,或办公室一般人员(要注意,这些仅是估计,因为我们毕竟不知道她是做什么的,她的影响力有多大),但她讲:"发展战略还是一定要做的,很有必要。"你可以抓住机会:"陈小姐,看来你还是很有战略眼光的,比我接触过的很多企业家在这方面都看得远,他们中很多人都没有这样的战略意识,所以,你可真不简单。"当你这样讲时,对方会有什么感觉?

第三,赞美对方的公司

你也可以赞美对方的公司,以刺激他的自豪感。例如,当你打电话给客户时,客户经常会问:"你是怎么知道我们公司的?"这时,如果你讲:"你们这么大的公司,在我们公司数据库中,你们是重点客户,我们很关注。"这时,客户又会怎么想呢?他会拒绝你吗?这时,你已与你的客户有了很好的开端。

当然,赞美客户有很多的方法。作为电话营销人员,要时刻认识到,通过赞美可以加速建立与客户的融洽关系,为后面的顺利谈话打下坚实基础。有时由于各种原因,虽然你已找到了向对方表达赞美的理由,但你没有在电话中表达出来,也没有关系。写封信或发个电子邮件告诉他,效果也一样。

现在就请想想看,在电话中,你可以利用什么机会和方法来赞美你的客户呢?

缺乏提问能力

在营销中无可争辩的一个事实就是：提问的能力与营销的能力成正比！这一点对于电话营销来讲也不例外，并且显得更为重要。

按照提问的形式，问题可分为开放式问题和封闭式问题。开放式问题，例如：您如何评价现在的电脑系统？对未来的电脑系统有什么构想？您公司的发展方向是什么？您为什么会对现有的系统不满意呢？您准备用什么方法来解决呢？您最喜欢 A 品牌的哪些方面呢？开放式问题的好处是减少问题的个数；引导客户谈话，如"那您准备如何解决这个问题？"获得更多信息，如"您刚才谈到耐用性很重要，具体是指什么？"

封闭式问题，例如：公司有多少人？有多少台电脑？您刚才是指……对不对？封闭式问题的好处是阻止客户没完没了；明确客户有某一具体需求，如"您希望能解决这个问题，是不是？"

开放式问题和封闭式问题在营销中所起的作用是不同的，有探询客户需求阶段，你需要获得更多的信息，开放式问题一般来讲会多一些。不过,我们不能过度依赖开放式问题，最好是两者搭配使用，并形成逻辑。一般采取以下提问方式。

第一，做好前奏

当问一些敏感的问题时，例如："您公司的预算是多少呢？"对于这一类问题，客户很可能会回避我们，所以在问之前，先讲一个前奏。什么是前奏呢？就是先表明在客户回答这问题以后，他的利益在哪里。例如："为了帮您找到最适合您的解决方案，可否请问一

下您今年在电脑系统方面的预算大概有多少呢？"当然，像类似这样的问题，客户不配合的情况经常发生，除非我们与客户已经建立了良好的关系。但不可否认，这个前奏毕竟让客户看到了价值所在。

第二，适时反问

当客户问到一个我们并不太清楚的问题时，例如："你如何看待今年的计算机行业的发展？"如果我们知道，则可以很专业地与他交流，但如果我们不知道，我们是不是就说："真对不起，这一点我不知道。"这样的话，我们的专业形象将会受到影响。所以，遇到这类情况，我们不妨反问对方："陈经理，听您这样讲，我想您对这一方面肯定有很深的研究，您认为会是什么呢？"类似这样的情况，在营销中很普遍。再举个例子，当客户问你："它能达到什么效果？"如果这个效果你并不能很清楚地在电话中向他讲明白，你可以问："陈经理，我知道您对效果很关心，那您希望达到一个什么效果？"看到没有，这就像是在打太极，有时候你需要圆滑些。

第三，纵深式提问

我们也可利用客户提到的问题，往深处问，深挖他的需求和内心真正的想法。例如，客户说："我喜欢国际管理咨询公司"。营销人员可以问："我知道您喜欢国际管理咨询公司，他们确实不错，那您喜欢它的什么方面呢？"这句话就是纵深问句，即通过反问的形式，就能使沟通更顺畅，让客户更配合，更能使客户的回答对你有帮助。

有的时候你急不可待地问了一个封闭式问题，就会把客户的嘴封上。我们来看一个例子:"陈总,您今年的重点工作在哪里?"这个问题可以使我们知道客户考虑的重点与我们的服务的相关性,以帮助我们确定下一步如何进行。但在客户还没有回答的时候,营销人员紧接着又问:"是生产还是营销?"这就像是本来我们已经把门打开,而客户也准备进来了,结果我们又把门给关上了。你觉得这种效果好吗?在电话营销中这样的情况很多,一个主要的原因是我们都害怕沉默或者根据我们的判断来做假设。

第四,保持沉默,给客户时间思考

人们都害怕沉默,一旦有沉默发生的时候,总有一方想打破这种沉默,这时你又讲话了,因为你担心这会影响与客户的关系。诚然,长时间的沉默,确实会让人感到有些尴尬。但在你向客户提问一个问题后,你确实需要保持一小段时间的沉默。原因很简单,因为并不是每一个问题,你的客户都愿意回答或者知道如何回答,他也需要时间来思考如何回答你的问题。

在电话中,可能会出现短暂的沉默,例如你提了一个问题,需要客户来回答。例如,你问道:"陈总,我们静下心来思考一下,如果这件事持续下去的话,对你的工作会造成什么影响?"你在等待陈总回答,但陈总并没有像你想的那样马上讲话,出现了沉默。这时,客户其实正处于复杂激烈的心理说服,你给他时间思考,相信他会作出正确决策。

第五,多问为什么

回想一下,在你与客户沟通的过程中,你问过多少次"为什么?"

研究发现,很多营销人员很少问这样的问题。如果不习惯这样问,可以换一种问法,例如可以这样讲:"你这样想的原因是什么?"这其实也是在找原因。不管如何问,你都要找到客户产生某种需求的原因。在营销中,对我们很重要的一点,就是我们不仅应该知道客户的需求,更重要的是了解客户为什么会有这样一个需求,这其实是推动客户采取行动的一个内在驱动力。而我们把握好了这个内在驱动力,将对我们进一步引导客户及在其后的竞争中保持竞争优势,都很有帮助。

记住:多问为什么,同样会使你获取竞争优势。

第六,同一时间问一个问题

在电话中,我们最好一个问题一个问题地问,这是沟通的原则。一方面客户可能记不住你的第二个问题,另一方面是即使他们记住了,也可能忘记回答你的第二个问题。况且,你的提问是根据客户的回答来进行的,而不应是预先设计好的顺序。

例如:"王总,降低成本很重要,这一点我也认同,您认为其他还有哪些很重要?他们重要程度的优先顺序是什么?哪一个对您最重要?"这种提问的方式,不知有没有发生在你身上。没有的话最好,如果你对这种提问方式很熟悉的话,你可要引起重视了。

第七,避免自己回答自己的问题

"王总,营销额持续下滑,对您的工作会造成什么影响?"这是一个很好的暗示性问题,目的是激发客户的需求,但营销人员接着讲:"肯定会造成不好的影响。"这种情况在你身上有否发生过?很多营销人员都有过这种经历。这种行为不仅占用宝贵的电话沟通时间，也阻止了客户自己去发现问题。

缺乏倾听技巧

有效沟通是电话营销成功的关键，而在以客户呼入为主的营销或者服务中，客户会主动向你诉求需求。因此，电话营销人员要掌握有效倾听的技巧，能够真正"听懂"客户。那么，电话营销中有效倾听的技巧有哪些？这里有三大技巧可供参考。

第一：抱着热情与负责的态度来倾听

正确的倾听态度是达到优秀倾听效果的前提。每一个电话对我们来说都是一个全新服务的开始，对公司都是展现价值的机会。铃响的同时，照照你面前的镜子，找到你甜甜的微笑。

微笑着接起电话，听到里面的声音，不论对方是男高音或女低音，年轻人或老人，吐字清晰与否，带着口音与否，都请积极地去倾听，而不是皱起眉头，在心里抱怨：天哪，他在说什么？

如果电话里是一个发怒的客户，请宽容地倾听他们，因为他们不知道你是谁，这怒火不是针对你个人的。当你成功地了解了他的问题，积极地给予解决，也许他还是不知道你是谁，但客户会牢记他在你所服务的企业所受到的理解、尊重与礼遇。

一次答非所问的沟通，让来电者失去耐性，让回答者深感懊悔。所以请全神贯注地去倾听每一个电话，不要分心。

第二：倾听时要避免的干扰

一般来说，在日常应接呼入电话时，有40%～80%的时间你会在听你的客户叙述，也就是说，你的工资中有40%～80%是公司付你报酬来听别人说话的。仅从这点讲，你也没有理由不重视倾听。而研究表明，通常人真正完整倾听到的只有25%左右的内容，而在其他75%的时间里，我们会忽视、遗忘、误解、歪曲传入我们耳朵中的话语。

你应当学会如何"聚精会神"，注意不受下列干扰影响：

（1）环境干扰和打断。每天我们的环境中有大量的输入信号，周边的铃声、谈话声、电子显示屏的闪动，周围人的走动以至窗外的风声雨声等都会干扰你的倾听。

（2）"第三只耳朵"现象。通常周围的谈话会不断地让你听到，有的则引起你的注意。如果是与当前业务有关的，你可要求客户在线上稍候，然后起身弄清楚。但更多的时候，你要学会关闭你的"第三只耳朵"，不让周边与你为目前这个客户的服务无关的声音带走你的任何注意力。

（3）迫不及待。在倾听过程中克制抢话的冲动并不是一件容易做到的事情，要克服想教育人的念头，避免自认是专家，根据老经验或为了控制通话时长而打断客户，这样会给人以没有受到尊重的感觉。记住：倾听不等于等候你说话的机会。

（4）情感过滤。有的时候你不喜欢某一客户，因为他们说话不够婉转，带有特别口音，或有些结巴，你的情感定位会使你对他们的倾听带上过滤筛，选择性地摄取信息。因此，不要让自己"以音取人"，要时刻避免这种倾向。

（5）思维邀游。在倾听客户时，你日常生活中还在处理的事会涌上你的思绪：和男朋友斗嘴后下一步如何处理？下班后请刚来访的亲戚到哪家餐馆就餐等。稍不留神你的注意力就会转移，你必须训练自己在倾听时的高度注意力。把其他的思考活动放到休息或下班后的时间去做。

第三：做一个主动的倾听者

如果你是一个主动的倾听者，那你在接起电话时不仅要"听着"，同时还应当考虑到下列各方面问题。

（1）澄清问题，掌握更多信息。当在倾听过程中捕捉到一些有用信息时，为了了解更多有用细节，应当在客户讲完后，请客户有针对性地多介绍一些情况。特别是做客户服务或技术支持，通常都需要引导客户提供相关更多信息。在适当的时候问适当的问题十分重要。当客户描述了出现的问题后，你想知道先前的情况，你可以说"您能描述在这个问题发生前你采取了哪些步骤？"而不应该说"你到底做了些什么才导致这个问题发生？"

（2）确认理解一致以避免误解。在倾听的过程中，通常我们会就客户反映的问题进行总结陈诉或就不清楚部分请求客户解释，以此来避免沟通过程中的误解。

（3）体贴客户，认同客户。在倾听的过程中，积极认同客户，并对客户的回答表示感谢，都会让客户感到被尊重，而使整个营销或服务过程更顺利。千万不要在客户说了半天后，你才来一句"是这样？"或"这不可能吧？"

（4）记录相关信息。在倾听的过程中还要积极地做笔记。如果

公司有系统则作选择记录,否则则记录在自己的本上。在记录过程中,尽可能捕捉客户表达中的有用信息,有些基本情况可能专门收集都不容易得到。

倾听不仅对你的工作而且对你日常生活中的为人处世都至关重要。很多人无法留下良好印象都是因为不会或不愿倾听,要想成为一名优秀的电话营销人员,就先练好倾听这个基本功吧!

第七章 网络营销错误

使用互联网的人越来越多，网络营销公司也多得数不胜数。一个网站即便再漂亮，如果没有用户访问，产品和服务得不到转化，那也不能算是一个成功的电子商务。

网络营销准备工作不足

现在网络营销是一种炙手可热的职业，最起码给人的感觉就是在电脑旁边做做，就能够迅速地让自己的钱袋子鼓起来。如何让自己在网络营销时能够迅速的产生经济价值？做好网络营销的前期准备工作，将会对网络营销的效果起着事半功倍的作用。

网络营销职能的实现需要通过一种或多种网络营销手段，常用的网络营销方法除了搜索引擎注册之外，还有网络广告、交换链接、信息发布、邮件列表、个性化营销、会员制营销、病毒性营销等。下面的前期准备工作的步骤和方法与你分享。

第一，网站建设要考虑是否符合用户体验

在进行网络营销之前，对于需要进行营销的网站建设的问题是不容掉以轻心的。别认为只要你能够通过五花八门的营销手段，就能够在任何类型的网站都能营销成功。事实上，网络营销成功的基础，需要良好的用户体验。

从网站建设的时候就应该时时在意提升用户体验了,比如域名的选择,最起码要选择一个容易记忆的,有关键词相关性,最好选择公司企业的通用顶级域名(com),这样就能够让网站获得更好的亲和力。另外网站的空间,对于用户体验的影响也是非常重要的。根据一项最新的研究数据表明,用户打开一个网站,如果页面出现所需要的时间超过6秒钟,就会让人不耐烦,如果超过10秒,那就可以宣布这个网站彻底失败了!

第二,选择网站建设程序时要注意适当的创新

现在做网站,基本上都采用目前主流的几种网站建设程序,这些程序大大解放了站长们在研究建设网站的时间,有不少建站程序在程序设计的时候,就已经考虑到网站的搜索引擎优化(SEO)了,所以在业内还是非常受欢迎的。但是,这不表明这些建站程序就能够直接拿来使用,毕竟任何一种建站程序也不可能包罗万象,如果和自己的网站内容不搭界,那是很难获得成功的。所以,在选择建站程序的时候,还需要注意扬长避短,比如通过个性化的模板设计来提升自己的网站的独特个性,让自己的网站能够呈现出更好的用户体验。

很多站长都容易忽视 SEO 设置,因为大部分站长在网站建设成功之后,会进行大量的内容更新,采集网站的外链建设,忽视了自己网站本身的优化。其实,一个正确的 SEO 设置,能够有效地帮助提升网站的 SEO 效果,增加网站的收录。

第三，注重提升网站内容专业度和吸引力

营销一个网站，如果没有专业、没有吸引力的内容，是很难获得用户的青睐的。也就是说，努力营销过来的流量，可能看一眼就会离你而去，这对于网络营销来说，就是一种灾难。所以，要想让网络营销获得更多的效应，那就要在网络营销的过程中，让内容建设始终如一地朝着吸引力和专业化努力！

第四，了解网络营销途径

（1）搜索引擎注册与排名。这是最经典、最常用的网络营销方法之一，现在，虽然搜索引擎的效果已经不像几年前那样有效，但调查表明，搜索引擎仍然是人们发现新网站的基本方法。因此，在主要的搜索引擎上注册并获得最理想的排名，是网站设计过程中要考虑的问题之一，网站正式发布后尽快提交到主要的搜索引擎，是网络营销的基本任务。

（2）交换链接。交换链接或称互惠链接，是具有一定互补优势的网站之间的简单合作形式，即分别在自己的网站上放置对方网站的商标或网站名称，并设置对方网站的超级链接，使得用户可以从合作网站中发现自己的网站，达到互相推广的目的。交换链接的作用主要表现在几个方面，即获得访问量、增加用户浏览时的印象、在搜索引擎排名中增加优势，以及通过合作网站的推荐增加访问者的可信度等。更重要的是，交换链接的意义已经超出了是否可以增加访问量，更重要的在于业内的认知和认可。

（3）病毒性营销。病毒性营销并非真的以传播病毒的方式开展营销，而是通过用户的口碑宣传网络。信息像病毒一样传播和扩散，

利用快速复制的方式传向数以千计、万计的受众。病毒性营销的经典范例是 Hotmail.com（互联网免费电子邮件提供商之一）。现在几乎所有的免费电子邮件提供商都采取类似的推广方法。

（4）网络广告。几乎所有的网络营销活动都与品牌形象有关，在所有与品牌推广有关的网络营销手段中，网络广告的作用最为直接。随着广告形式不断出现，新型广告由于克服了标准条幅广告条承载信息量有限、交互性差等弱点，获得了相对比较高一些的点击率。

（5）信息发布。信息发布既是网络营销的基本职能，又是一种实用的操作手段，通过互联网，不仅可以浏览到大量商业信息，同时还可以自己发布信息。最重要的是将有价值的信息及时发布在自己的网站上，以充分发挥网站的功能，比如新产品信息、优惠促销信息等。

（6）邮件列表。邮件列表实际上也是一种电子邮件（E-mail）营销形式，基于用户许可的原则，用户自愿加入、自由退出。稍微不同的是，Email 营销直接向用户发送促销信息，而邮件列表是通过为用户提供有价值的信息，在邮件内容中加入适量促销信息，从而实现营销的目的。邮件列表的主要价值表现在四个方面：作为公司产品或服务的促销工具、方便和用户交流、获得赞助或者出售广告空间、收费信息服务。邮件列表的表现形式很多，常见的有新闻邮件、各种电子刊物、新产品通知、优惠促销信息、重要事件提醒服务等。

（7）个性化营销。个性化营销的主要内容包括用户定制自己感兴趣的信息内容、选择自己喜欢的网页设计形式、根据自己的需要设置信息的接收方式和接受时间等。个性化服务在改善客户关系、培养客户忠诚度以及增加网上营销方面具有明显的效果。据研究,为了获得某些个性化服务，在个人信息可以得到保护的情况下，用户才愿意提供有限的个人信息，这正是开展个性化营销的前提保证。

（8）会员制营销。会员制营销已经被证实为电子商务网站的有效营销手段。国外许多网上零售型网站都实施了会员制计划，几乎已经覆盖了所有行业。国内的会员制营销也在发展，不过在表现形式上与国外有一定的差别。

（9）网上商店。建立在第三方提供的电子商务平台上，由商家自行经营网上商店，如同在大型商场中租用场地开设商家的专卖店一样，是一种比较简单的电子商务形式。网上商店除了通过网络直接营销产品这一基本功能之外，还是一种有效的网络营销手段。从营销策略和客户的角度考虑，网上商店的作用主要表现在两个方面：一方面，网上商店为企业扩展网上营销渠道提供了便利的条件；另一方面，建立在知名电子商务平台上的网上商店增加了客户的信任度。网上商店对不具备电子商务功能的企业网站也是一种有效的补充，对提升企业形象并直接增加营销具有良好效果，尤其是将企业网站与网上商店相结合，效果更为明显。

认为网络营销易如反掌

有人认为，网络的进入门槛很低，因此，网络营销易如反掌，每个企业都可以轻松开展网上营销。不错，建立一个商务营销网站并非难事，在网站上处理一些商业交易也很平常。但是，想在网络营销的实战中，进行"有效的"、"成功的"商务运作，就远非想象得那么简单。特别是对网上的大量信息资源进行深层次的价值开发，

更是一件艰难而又富有创造性的工作，不做出艰苦的努力是不行的。

美国德尔塔航空公司的首席信息官查尔斯·费尔德把网站比喻成一座冰山。他说："你所能够看见的那一部分非常简单，很不起眼。但水面下的部分工程浩大。所以，你最好不要凭臆想行事。"

事实上，网络营销是一项系统工程，它不仅因为在营销的过程中将采用一种全新的技术和手段进行良性商务运作。更因为这是企业一种影响未来生存的选择，是一种现代企业的经营能力和竞争实力的表现。

网络营销开辟了一个崭新的天地，在网络时空中，用户突然获得了以前从未掌握的大量信息，并研究、审视和处理这些信息。这就需要新的能力和新的知识。我们面对的许多问题，可能是传统思维所无法想象的。在网络营销的过程中，商业的基本流程变了，客户和分销商的关系变了，获得数据的渠道和方法变了，定价的原则和策略变了……网络营销人员面对的是完全新奇而又陌生的课题。这里，新技术和新思维所带来的碰撞和激荡是巨大的。

但是，网络上任何宝藏的获得是需要网络营销技能的。只有随着这种技能的增长，我们驾驭网络营销的能力和水平才能不断地提高，才能真正领略网络营销中的无限风光。

认为网络营销就是网址推广

有人认为"网络营销就是网址推广"。他们的理由是：网站所有功能的发挥都要以一定的访问量为基础，所以，网址推广是网络营销的核心工作。甚至有人认为：只要可以将网址登录到百度网站并保持排名比较靠前，网络营销的任务就算基本完成，就意味着网络营销已经取得了成功。其实，这种看法是不正确的。

网址推广只是网络营销的一种手段，而不是网络营销的目的，更不是网络营销的全部。网址推广只是在营造网络营销的环境氛围，把网址推广当做网络营销的全部是一种"雾中网络营销观"，是注意力经济时代的一种观念，对网络营销是一种误导。

我们之所以叫它"雾中网络营销观"，就是因为持这种观点的人尚在云雾山中，未识庐山真面目，根本没有认识和把握网络营销的功能、作用、运作方法和特点。把网址推广看成一个决定一切的东西，否定了网络营销的丰富内涵，不仅在认识上是片面的，在实践中也是站不住脚的。试想，一个没有商气的网站，好比一个冷店。这样的商店，你拼了命去推广，也是吸引不到客户的。即便这次把人家引进来，人家也是扭头就走。因为，商人自有商人的眼光。没有商气的网站，商人是不进的。没有客户资源，没有营销主体，网络营销，何以开展？

应该说，在网络营销中，特别是在网站建立的初期，用一定的力量去做好网址的推广工作是必要的。但是，网址推广不是也不可能是网络营销的核心。企业建设商务网站不是要养一个大花瓶，而是要开拓市场，寻找商机，营销产品，获取经济效益。

况且，即使功能最强的搜索引擎也只能检索到大约全部网页的36%。显然，仅依靠搜索引擎推广网址，并不能取得完全令人满意的效果。把全部的希望和寄托都放在搜索引擎上，是相当一批营销网站"只见网页建，不见订单来"的一个重要的原因。

由于我国营销人员的队伍庞大。很多人面对着由传统营销向网

络营销的转型。特别是，当前相当多的年轻营销人员进入了营销领域。他们对于营销的基本知识和基本概念多是教科书里的东西，缺乏实战经验和商务技巧。但他们乐于接受新的理念，于是就有人开始向这些人兜售假货，说网址推广就是网络营销。比如有一个营销网站大肆炒作所谓的"一网通"，硬说登录他们的网站，能把你的网址推广到全世界，你只要坐等就行了。后经查实，其实这只是一个以卖处理品为主的网站，他们拉了许多生产新产品的企业，进入处理品网站给其当垫背的！

盲目跟风，忽视最佳模式

在商业社会，能抓住机会去做网络营销是一件好事，但是当机会被大家都看到的时候，就不是机会了。在抓机会面前，每个人的优势和劣势都是均等的，因而谁也不能在机会面前独占鳌头；又缺乏经验不能够及早地判断机会的征兆。往往等到他们想去抓某种机会时，那个机会的面前早已人满为患了。另外，对于一个机会，有些人适合做，有些人不适合，如果盲目跟从，不适合做的人会输得很惨。机会不仅青睐能把握住它的人，更独钟于能坚持它的人！

要想不盲目跟风，就要做好网络营销创意的目标分析，并能为自己选定的目标坚持下去。

第一，根据产品找市场

由于有明确的产品或品牌进行推广，因此首先就要确定策划方案针对的目标群体的年龄层次和所在阶层，做到有的放矢。

第二，根据用户兴趣做创意

每一个用户族群都有其特有的兴趣爱好，要将产品特征巧妙地融合在创意之中，从而有效地针对目标群体来制造噱头。

第三，根据创意找载体

有了明确的目标群体，有了初步的创意构想，剩下的就是选择合理的复合式营销搭配方式。是以视频为主、其他方式为辅，还是以博客为主，抑或是以网络新闻引发讨论，这都必须准确考虑到。必须明确了解，每一种载体所针对的不同网民群体的特征是否和自己的目标人群合拍。比如通过网络视频来宣传老年产品，是不合适的，毕竟会看网络视频的老年人数量较少，而网络视频主要覆盖群体即22岁到30岁的人群，父辈的年龄也不过50出头，还不足以让他们产生强烈的购买欲。

第四，选择复合式营销

复合式营销才是王道。只有确定复合式营销模式，才能避免网站建设走弯路。

所谓复合式营销，是指多种营销模式的结合，由网络、直销、分销、广告营销、会议营销等多元化营销模式的结合、相融、交叉，成为营销模式发展的新趋势。复合式营销的优势就是结合各种营销渠道，最大限度地利用消费资源。复合式营销主要以传统式的营销加上媒体网络的营销。

复合式营销其实是网络营销推广的必然结果，因为单一的宣传模式可能很难达到效果，而且一旦没有影响力，可能导致营销的全

面失败。比如"吃垮必胜客"这样一个策划，如果仅是在论坛上发个帖子，就非常可能因为一时间无人问津而沉底，那时候一个好策划就浪费掉了。如果一开始就考虑全面，就算无人问津，也可以通过一些"意见领袖"的博客评论此事，通过一些网站新闻来宣扬此事，从而将帖子捞上来，再通过信息群扩大影响，从而保证推广营销策划的成功。

迷信搜索引擎优化

问一下新站长每天的工作，很多人会说大部分时间都在做搜索引擎优化。其实，新站长要永远树立一个原则，那就是做搜索引擎优化绝不可能是一步到位的，它是一个过程，有了过程才能有结果。在网站的营销中，搜索引擎只是一部分，主要的工作应该放在网站内容的原创上和用户体验上。而且，即使是为了增加网站的流量，也不仅只有搜索引擎优化一种方法能够做到。

不要迷信搜索引擎优化，要相信用户体验，因为网站和搜索引擎都是为用户服务的。正确运用搜索引擎的功能和工作原理并为用户服务，这才是正道。

每一个搜索引擎的功能基本上都差不多，工作原理也类似。搜索引擎的排名从原理上可以分成以下几步。

第一，发现、搜集网页信息

搜索引擎会排出一个能够在网上发现新网页并抓取文件的程序，我们通常把这个程序叫做"网络蜘蛛"程序或者机器人。一个典型的网络蜘蛛工作的方式,是查看一个页面,这个页面是蜘蛛已知的页面,并从中找到相关信息,这颇像正常用户的浏览器工作原理,在浏览和抓取完这个页面的信息之后,它就开始继续爬行,从该页面的所有链接中出发,继续寻找相关的信息,依此类推,直至穷尽。就像我们常用的浏览器,看完一个页面,存下来,放进数据库,然后继续看。

网络蜘蛛要求快速、全面。网络蜘蛛为实现其快速地浏览整个互联网,通常在技术上采用抢先式多线程技术实现在网上聚集信息。通过抢先式多线程的使用,你能索引一个基于统一资源定位符(URL)链接的蜘蛛网(Web)页面,启动一个新的线程跟随每个新的 URL 链接,索引一个新的 URL 起点。

当然在服务器上所开的线程不能无限膨胀,需要在服务器的正常运转和快速收集网页之间找一个平衡点。在算法上各个搜索引擎技术公司可能不尽相同,但目的都是快速浏览 Web 页和后续过程相配合。目前国内的搜索引擎技术公司中,比如百度公司,网络蜘蛛采用了可定制、高扩展性的调度算法,使得搜索器能在极短的时间内收集到最大数量的互联网信息,并把所获得的信息保存下来以备建立索引库和用户检索。

第二,建立索引库

搜索引擎抓到网页后,还要做大量的预处理工作,之后才能提供检索服务。其中,最重要的就是提取关键词,建立索引文件。其他还包括去除重复网页、分析超链接、计算网页的重要程度。

这个工作流程就看搜索引擎是否强悍了。网络蜘蛛抓取完页面

之后,这些页面总有个归属,搜索引擎的索引程序此刻就开始运动了。因为这关系到用户能否最迅速地找到最准确、最广泛的信息。通过索引程序,将蜘蛛抓取回来的页面进行分解和分析,建立一个巨大表格,放入数据库中,从而极快地建立索引。大多数搜索引擎在对网站数据建立索引的过程中采取了按照关键词在网站标题、网站描述、网站URL等不同位置的出现或网站的质量等级等建立索引库,从而保证搜索出的结果与用户的查询串相一致。

第三,搜索词处理

这是对前两个过程的检验,检验该搜索引擎能否给出最准确、最广泛的信息,检验该搜索引擎能否迅速地给出用户最想得到的信息。对于网站数据的检索,搜索引擎采用客户机和服务器(Client/Server)结构、多进程的方式在索引库中检索,大大减少了用户的等待时间,并且在用户查询高峰时服务器的负担不会过高(平均的检索时间在秒左右)。对于网页信息的检索,百度公司搜索引擎运用了先进的多线程技术,采用高效的搜索算法和稳定的多用户、多任务的通用操作系统(UNIX)平台,因此可大大缩短对用户搜索请求的响应时间。

这就造成了一个结果,即用户在搜索引擎界面上输入关键词,单击"搜索"按钮之后,搜索引擎从索引数据库中找到匹配该关键词的网页,立刻会出现回应。为了用户便于判断,除了网页标题和URL外,还会提供一段来自网页的摘要及其他信息。

第四，排名

这其实是所有想要进行搜索引擎优化的人最关心的问题，即为什么别人的搜索结果会排在前面。在提交搜索之后，搜索引擎排序程序启动，从搜索数据库中找到所有包含搜索词的网页，并且按照排名算法来计算出哪些网页应该排在前面。

排名算法是一个非常复杂的过程，尽管表面上看起来只有零点几秒，但却需要实时从索引数据库中找到相关页面，实时计算相关性，并加入过滤算法，其复杂程度根本不是行外人所能窥探的。因此只要摸索出它的排名特征，就可以有效地进行搜索引擎优化。

搜索引擎优化就是让用户能够搜索到他们希望搜索到的结果。但这一切都是有基本原则的。通过采用易于搜索引擎索引的合理手段，使网站对用户和搜索引擎更友好，从而更容易被搜索引擎收录及优先排序。搜索引擎优化工作贯穿网站策划、建设、维护全过程的每个细节，如果你迷信搜索引擎优化，仅是为了优化而去优化，不管你怎么努力，就算让你的排名很靠前，其结果都将是不理想的。

陷入关键词设计误区

在搜索引擎中检索信息都是通过输入关键词来实现的，因此关键词的设计是整个网店登录过程中最基本、最重要的一步，可好多人在设计关键词的过程中都不自觉地陷入这样那样的误区。因此尽管绞尽脑汁，结果却常常不尽如人意。

避免营销中的低级错误

误区一：关键词意义太宽泛

选择意义太宽泛的词作为关键词：如果你是生产女装的厂家，也许你想以"女装"，"服装"之类作你的关键词，请不妨拿"服装"到百度试下吧，你会发现搜索结果居然超过几千万，想在这么多竞争者当中脱颖而出谈何容易。但是，在"短袖"、"长袖"、"背心"、"吊带"等这类具体的词下搜索的结果则少得多，这样你有更多的机会排在竞争者的前面。因此，根据你的业务或产品的种类，应该使用更为精确的关键词，这样，就可能把来访者转化成你真正的客户。

解决方案是注意不要使用单字作为关键词，两到三个字长度的短语（我们称其为"关键短语"）为最佳。选取恰当关键短语的平衡点在于要确保所选关键词兼具良好竞争力和合理的搜索结果数量：既要保证该关键词有相当数量的搜索频率，又要保证它不会产生上百万搜索结果页。

误区二：关键词和自己产品不相干

用与自己的产品或服务毫不相干的关键词：有些人为了吸引更多人访问，在自己的关键词中加入不相干的热门关键词，那样做有时的确能提升网站的访问量，但试想一个查找"MP3"的人，恐怕很难对你生产的布艺沙发感兴趣。既然你的目的是营销产品，那么靠这种作弊手段增加访问量的做法不仅讨人嫌，而且毫无意义。

解决方案显然是名副其实的好。

误区三：不对关键词进行测试

好多人在选出自认为"最佳"的关键词之后，不经测试便匆匆提交上去。是否真的"最佳",最好还是去测试一下。

解决方案是借助网上提供的免费工具来进行关键词分析,像火狐浏览器(WordTracker)、雅虎搜索引擎(Overture)等,这些软件的功能一般都是查看你的关键词在其他网页中的使用频率,以及在过去24小时内各大搜索引擎上有多少人在搜索时使用过这些关键字。如WordTracker有效关键词指数(KEI)会告诉你所使用的关键词在它的数据库中出现的次数和同类竞争性网页的数量,KEI值越高说明该词越流行,并且竞争对手越少,一般KEI值达到100分就算不错,如果能超过400分,说明你的关键词已经是最佳的了。

误区四:关键词数量太多

主页中涵盖太多的关键词。有些网站的设计者恨不能在主页中把所有的关键词都优化进去,因此在网站的主页标题中堆砌了大量关键词,以求改善排名。殊不知这只会使事情变得更糟。对主页的优化应限定于最多两个重要关键词。

要确保你的主页标题的长度最多不超过7个词,即30～40个字母,相当于15～20个汉字之间。这是因为,如果一个网站其主页的标题标签中包含10个以上的关键词,则没有一个关键词能够满足较高排名所要求的关键词密度。这样一来这些关键词中没有一个能够在搜索结果中获得比较高的排名。尤其对那些比较热门的关键词来说,要想在激烈的竞争中获得比较好的排名,对关键词密度(关键字与一个页面中除掉超文本标记语言(html)代码的内容的百分比)有更高的要求。

误区五：关键词又臭又长

盲目重复页面关键词：关键词密度的大小对网站的排名有直接的影响，但绝对不是出现次数越多越好。有人为了增加某个词汇在网页上的出现频率，而故意重复它，如在标题栏出现"海尔海尔海尔"之类的东西。不过，现在很多搜索引擎都能识破它，它们通过统计网页单词总数，判断某个单词出现的比例是否正常。一旦超过"内定标准"，不仅会被视为无效，从而降低网站分值，还能永远将你的网站拒之门外。

解决方案：在使用关键词时，要尽量做到自然流畅，符合基本的文法规则，不要刻意过分重复某个关键词，避免列举式地出现，尤其不要在同一行连续使用某个关键词两次以上。而且长度不宜超过30个字符，相当于15个汉字。

误区六：错误关键字优化

如果某个与你的网店内容有关的词经常被错拼，考虑到一般人不会以错别字作为自己的目标关键词，你也许打算用它来优化网页，那么一旦遇到用户用这个错别字进行搜索，就会为你带来额外的访问量。事实上，尽管根据关键词监测统计报告表明，有些错别字出现的频度并不低，但分析一下这些错别字，一般都是由于客户一时的粗心造成的。这样一来使用错拼关键词很多时候不但不能为你带来额外的收益，而且影响网站的权威性，甚至让偶尔失误的客户对企业的资质、实力产生怀疑。更何况目前一些搜索引擎都增加了自动拼写检查功能。所以，加入错别字关键词优化网页还是不值得提倡的。

搜索引擎虽然不认识你，但你也别做白字先生。

误区七：页面关键词优化

关键词在合适的位置出现一次比在不合适的位置出现一百次都有效。你需要在标题、段落内容、文字内容的页头和页尾、标签甚至不显示的标签里安排关键词，标题、页头和页尾是重点，其中标题栏又是最重要的，一定要让关键词出现一两次。在网页正文中应保证至少对关键词重复三次以上。

总体来说，一个关键词可以设计几十、乃至上百个标题，主要还是靠大家在实践中慢慢学习、掌握并运用这些技巧。一句话能够说明白的产品和商机，就不要写得太长，因为客户会点击仔细看详细描述。太烦琐或太简单的标题会造成在搜索中的效果不好。标题中应使用一句包含适当关键词的完整的话来表达，避免使用冗长而单纯堆砌的关键词的做法。同时，切勿使用与内容主题不相符合的虚假关键词。信息标题的语言和描述应有所不同，不同的信息标题必须配不同的关键词，关键词的组合和放置可以多样化，但整个信息的标题的含义表达必须是完整而明确的，也可以变化轻松活泼的语言以吸引浏览者。也就是说，在设计标题的时候，不应只考虑到关键词的优化，还需把标题设计得引人入胜，达到一见标题就有感觉的宣传效果。用一句话概括来说：突出我的关键词！

不掌握沟通中的语言技巧

有的网络营销新手在与客户沟通中，不知网络营销沟通中的语

言技巧有哪些，因此很迷茫，找不到有效营销的出路在哪里。其实，营销最主要的就是沟通，只要网络营销沟通技巧到位，就基本上可以成功了！

在网络营销产品中，与客户的沟通是一个很有技巧的工作，下面给大家介绍几种技巧和方式。

第一，多用感叹词

平时与朋友或客户面对面交谈的时候，可以通过微笑、动作、语气等方式了解对方的心理状态，很容易知道对方是生气、高兴还是说笑。但是在网络沟通的过程中，由于无法看到对方的表情和动作，只能靠文字表达，如果仍然按照平常说话的方式在网上交谈的话，可能会得到一些不可预期的效果。下面来举个比较简单的例子。

客户："你好，请问这件衣服有红色吗？"

客服："没有。"

客户："那请问这件衣服可以便宜点吗？"

客服："这个是最低价格，已经不能便宜了。"

就上面一段简短的对话来看，假如遇到心情舒畅或者不计较的客户，看了心里可能没什么感觉，或许会勉强地因为价格相对较低、特别喜欢这件商品等原因"被逼"决定购买该商品，但类似这样的沟通方式能完成二次营销的不多；相反，如果遇到一些心情不好、对语言比较执著的客户，他们就会感觉心里很不舒服，因为这样的回答和服务会给人一种"僵硬"的感觉，也就是说你没有用"心"

沟通。所以有的客户可能更愿意选择其他地方购买，即使其他地方的价格比这边高一点。

那么，我们应该如何解决这个问题呢？最简单的方法，我们可以多使用一些感叹词。例如"哟"、"啊"、"呀"、"呢"、"啦"、"嗯"等词语。另外，在淘宝使用的最多的一个词语"亲"也是必不可少的称呼。若是把刚才的话变成："亲，这个是最低价格，已经不能便宜了哦！"虽然这样回答的还不是最好的，但是与原来的相比，已经增加了感情色彩，即使客户还不能面对面地与营销人员沟通，只要我们能适当地运用这种方式与用户沟通，很容易就会让客户觉得这个客服是有礼貌的，而且很容易把距离拉近，只要把双方的距离拉近，我们要做什么都容易。当然，这种方法也属于催眠式营销的一种沟通方式。

第二，多使用表情

在与客户沟通过程中，不管使用的是腾讯即时聊天工具（QQ）、微软即时聊天软件（MSN）、腾讯即时通信软件（TM）、旺旺还是其他网上沟通工具，都有一个聊天表情库，我们可以在交谈的过程中适当的使用聊天表情以增加客户对营销人员的好感。但我们需要注意，不能随便发一些与聊天主题不匹配或者不雅观的表情，更不能泛滥地发布表情。如果每个回复都使用表情，对方反而会感觉我们没有用心对待，甚至还会影响营销人员在客户心中的形象。

第三，多使用"勾引法"

在营销过程中，很多时候都会遇到想购买，但是还没有决定在

什么地方购买的客户,这样的客户都是我们的潜在客户,所以是绝对不能放过的。那么,我们应该如何"勾引"这样的客户在我们店铺消费呢?

碰到这类客户,如果我们能够适当的"刺激"一下就很容易成交。例如我们了解客户真正想要但还处于考虑阶段的话,可以尝试跟客户说"该种商品已经剩下最后两件了哦!"或者说"该商品正在促销阶段,现在购买有小礼品赠送"等话语,这个时候大部分客户心里都会有错乱的感觉,而且很可能就决定立刻购买。但我们在使用这种方式的时候,必须注意要在适当的时候使用,使用的不适当或者使用频繁反而会让客户厌烦。

还有的客户可能是由于闲逛和咨询,对待这样的客户可以先从了解客户意向的话题开始,不要一味的灌输商品的好处或者店铺的好处,只要了解客户的实际意向,可以推荐一下相关商品,侧面或者正面提出客户的需求,利用客户自己的需求来刺激客户的购买欲。

第四,利用多种信息传递方式

在信息宣传过程中,与客户沟通的渠道和方式是多种多样的,不同的方式,其沟通的技巧也会有所不同。信息的传递主要有以下几种方式。

(1)通过网页传递信息。以网页的形式向用户传递信息,要求站点有良好的导航,让用户能够在最短的时间内找到他所需要的信息;要求页面简洁明了,没有过多的东西干扰用户的注意力;要求高质量的信息,详尽但不烦琐,让用户看后有明显的收获;要对内容进行很好的组织,如果内容很多,则以一定的标准进行分类,不要在一个页面中放置过多的信息，以免用户看完后一头雾水，除非这些信息是不可分割的整体。

（2）通过电子邮件传递信息。写邮件时，尽量将主要的信息安排在第一屏可以看到的范围内；将宣传内容的核心（如文章的标题）作为邮件的主题，尽可能让主题富有吸引力，激发起用户打开邮件的欲望；邮件书写应当简洁明了，以易于浏览和阅读，内容越短越好，尽量少占用收件人的时间。

（3）通过电子布告栏系统（BBS）、新闻组传递信息。通过BBS、新闻组传递信息最关键的是能够吸引用户进行浏览。①要给自己的文章取一个好的标题，这是吸引人的第一步；②要提高内容的质量，让用户看后感觉有比较大的收获；③在信息内容的最后，要留下快捷的联系方式，一般是电子邮箱地址、电话、企业地址等，在联系人信息中不要留全名，以免带来不必要的麻烦；④不管是BBS还是新闻组，内容都有明显的类别区分，一定要将信息发布在相关的栏目中，以免引起用户的反感；⑤要注意信息的发布频率，重复发布的信息要注意内容和表达上的变化；⑥经常在相关的地方张贴用户有用的信息或回复别人的消息，从而提高自己在组里的知名度。

第五，售前、售中、售后服务中的交流

售前、售中、售后服务中交流的一般都是购买过企业产品、或即将购买企业产品的消费者，在交流过程中除了要注意一般事项外，尤其要尽量选择正面的词句，给消费一个明确的意思表达，不要模棱两可，以免消费者产生歧义，引起不必要的麻烦。

售前服务营销人员在客户未接触新产品之前所开展的一系列刺

激客户购买欲望的服务工作。营销人员应当尽量提高素质和思维严谨度，详细落实核心问题，以免在交易过程中出现一些不必要的麻烦。企业可根据日常售前服务中的一些常见问题，形成一套就特定业务和客户沟通时必须要沟通清楚的问题的一套程序化文案，从而保证和客户在事先沟通中就相关可能产生纠纷的问题沟通清楚，以杜绝在执行中产生纠纷和影响。

售中服务是指在产品营销过程中为客户提供的服务。营销人员需要热情地为客户介绍、展示产品，详细说明产品使用方法，耐心地帮助客户挑选商品，解答客户提出的问题等。售中服务与客户的实际购买行动相伴随，是促进商品成交的核心环节。

售后服务是营销人员在商品出售以后所提供的各种服务活动。在售后服务中，对客户的问题要抱有良好的心态，必须心怀对客户的感激之情，认真倾听客户意见和要求，以诚恳的态度为客户解决问题，站在客户的角度为客户的利益多考虑，在快速处理问题并答复的同时，做好各项后续服务。

第六，开展即时交流

为进一步促进企业与消费者之间的交流，提高企业的客户服务水平，可通过网络开展多种形式的即时交流，如在线咨询和解答系统、QQ在线服务等。在设立在线即时交流时要注意保持通道的畅通，回答迅速，不要让消费者久等；尽量让用户直接点击代表服务人员的头像就可以咨询，而不需要进行任何别的安装工作。

另外，开辟专门的社区供用户交流并有专人进行维护和解答；制作专门页面介绍用户感兴趣的重点信息等，这些都是比较受消费者欢迎的交流方式。

第七，注重网络礼仪

网络礼仪是指在网上交往活动中形成的被赞同的礼节和仪式，是人们在互联网上交往所需要遵循的礼节。网络上的信息传播比传统途径更加迅速、范围更广、影响面更大，在网络营销中的信息交流要十分注重网络礼仪，以免引起消费者的反感，造成不必要的损失。

在网络营销中，一般要注意以下问题：

（1）记住别人的存在。千万记住和你打交道的是一个活生生的人，如果你当面不会说的话在网上也不要说。

（2）网上网下行为一致。网上的道德和法律与现实生活是相同的，如果以为在网络中就可以降低道德标准，那就错了。

（3）入乡随俗。不同的站点、不同的营销对象都有不同的交流规则，所以在不同的场合，交流的方式和语气应该是有区别的。

（4）尊重别人的时间和带宽。不要以自我为中心，充分考虑别人在浏览信息时需要的时间和带宽资源，这也是对消费者的尊重。

（5）给他人留个好印象。因为网络的匿名性质，别人无法从你的外观来判断，每一言一语都成为别人对你印象的唯一判断，注意自己的言行将有助于树立良好的网络形象。

（6）分享你的知识。这不但可以增强自己在消费者心目中的好感，还有助于提高消费者对所营销商品的兴趣，有效激起消费者的购买欲望。

（7）心平气和地争论。在网络交流中争论是正常，要以理服人，不要人身攻击。

（8）尊重他人的隐私，任何时候都应该充分尊重消费者的个人隐私，不随意泄露用户个人信息。这不仅是在保障消费者的利益，也是在保持自己的良好形象。

（9）宽容。面对消费者所犯的错误，营销人员应该保持宽容的态度。

总之，不管我们使用哪种方法，我们还必须知道"客户永远不喜欢被命令，也不喜欢被灌输"这个道理。所以我们在跟客户沟通的时候需要注意这些技巧。网络营销沟通技巧也是一门学问，只有深入网络营销内部，你才能真切感受到网络营销沟通技巧的重要性。

第八章　售后服务不周

营销是一个持续不断的过程，售后服务是最后环节但也是非常重要的环节。售后服务的目的在于与客户维持良好的关系。好的服务品质，就是你的最佳广告牌。

不懂利用售后服务维系关系

有些人做成了生意之后，却因为差劲的后续追踪、低质的服务、慢吞吞的响应而失去他们争取得来的客户，实在令人惋惜。比如有的营销人员在客户购买之前殷勤体贴，有时甚至一天好几个电话，但是客户一旦购买了产品，就再也接不到营销人员一个电话，真是太势利了。服务是最高明的营销技巧。成交前的刻意奉承，不如售后的周到服务，这是营销人员培养忠实客户的不二法则。营销人员要想得到稳定的营销业绩，离不开老客户的长久支持，要做到这些，营销人员必须给客户提供优质的售后服务。

"你忘记客户，客户也会忘记你"，这是成功营销人员的格言。在成交之后，继续不断地关心客户，了解他们对产品的满意程度，虚心听取他们的意见，对产品使用或服务过程中存在的问题采取积极的弥补措施，防止客户的流失。只要营销人员与客户保持密切的关系，就可以战胜所有的竞争对手。

避免营销中的低级错误

如果售后服务工作不能令客户满意，则客户就不可能再接受我们的产品和服务。如果售后维系工作做得好，与客户建立了良好的沟通关系，既能保证客户持续接受我们的产品，还可以引导客户接受我们的其他产品。可见，售后维系工作具有巨大的作用，既可以提高客户的忠诚度，又可以降低营销成本。

提高客户的忠诚度是售后维系给营销人员带来的最大价值。在这个市场竞争日益激烈年代里，追求客户忠诚度成为商业中永不过时的哲理。可以说，依赖产品优势打天下的时代已经一去不复返了，今天的商业价值将以企业与客户的关系来进行衡量。事实上，要建立企业与客户之间良好的关系，关键是通过营销人员的成功营销，来培养客户对企业的忠诚。

提高客户忠诚度可以创造更多的利润与业绩。美国商业研究报告指出：多次光顾的客户比初次登门者，可为企业多带来20%~35%的利润，固定客户数目每增长了5%，企业的利润则增加25%。客户忠诚度的提高，不仅可以使客户重复购买，而且可以产生口碑效应，吸引更多的客户惠顾，使企业的业绩得以增长。

提高客户的忠诚度还可以降低客户的流失率，减少客户的流失。据研究表明，公司减少5%的客户流失率，所带来的利润增长将超过25%。同一个行业，有些企业的营销业绩是其他企业的2倍，取得这样的业绩主要得益于他们将客户的流失率始终控制在5%以下，而同行业流失率的平均水平是30%。

提高客户忠诚度还可以增进营销人员与客户间的友谊与交流，拉近营销人员与客户的心理距离，及时了解客户在产品使用过程中的问题，及时给予指导和帮助，从而为客户提供适时的服务，更好地满足客户的需求。

据美国管理学会调研，开发一个新客户的费用是保持现有客户的6倍。新客户不仅开发费用高，而且成交机会也少得可怜。平均而言，将产品或服务向一位老客户营销的成交机会却有50%。因此企业必须采取措施尽最大努力维系客户，防止客户流失。若是流失一名优质客户，企业要多花7至10倍的力气去寻找一名替代客户，或找更多的普通客户来弥补业绩及利润的损失。如果一位优质客户月平均消费为3500元，而普通客户平均消费为275元。该公司每次只要损失1名这样的客户，就要找到13名普通客户才能弥补那3500元的业绩。

随着时代发展，很多企业推出的营销策略和手段也大同小异，客户已变得相当理智，开发新客户难度加大，所以对客户进行维护和售后的服务非常必要。

营销成功之后，继续追踪做好售后服务，将大大增加再营销的机会。以下是顶尖业务人员在售后追踪和服务工作上让自己脱颖而出的技巧：

> 有一本日志系统，详细记录要为客户做什么事；
> 言出必行，说到做到，绝不变卦；
> 在成交之后24小时内寄出感谢函；
> 在24小时之内一定回客户的电话；
> 要设法亲自把商品送达到客户所在地；
> 要打电话追踪商品是不是安全、如期送到；
> 要在客户使用产品之后72小时内打电话了解使用的满

避免营销中的低级错误

意度；

要随时向客户建议更有效的使用方法或解说该产品的新用途；

要用积极且亲切的态度尽快处理客户的抱怨或误会；

经常和公司内部的同仁沟通；

若有不好的消息、延误或是其他任何问题，一定尽快通知客户；

在客户过生日或特殊节日时寄张贺卡；

留意客户的配偶及子女的姓名，在打电话或写信时提一下这些名字。

售后追踪和服务工作被看成是个人专业水准的指针，你在这方面的表现透露出你履行承诺的能力、洞察能力、组织能力、态度以及自我价值。此外，你的服务工作也显示你对客户尊重和关心。总之，完成交易之后，要做好售后服务的工作，以确保客户满意，并替下一次交易铺路。

下面五个方法有助于提升你服务客户的品质：

（1）观念要革新。首先，你要承认一个事实，过去的服务已经落伍了，如果不随时力求进步，就会落后于对方。

（2）不能满足现状。所有的业务人员必须在看得到的地方贴上这张警告——不能满足现状。绝对不要自满于现有的进步，而是要更加严格要求自己，不断追求卓越，而且不能总坚持己见，不管过去是多么成功。

（3）关心客户，与客为友。真诚关心每一位客户是成功服务客户的关键。你要设身处地为客户着想，设计出一套有效的售后服务系统。

（4）超越客户的期望。有人请教一位顶尖的业务高手"为什么客户一直向他买东西"，他回答："这没什么秘密，只是聆听客户的声音，给他们想要的！先找出他们想要的，然后，给他们最好是超越他们所期望的。"用心倾听，为客户提供最好、最快的服务。

（5）永不和客户争辩。和客户争辩的营销人员永远是输家，逞口舌之快是失去客户最快的方法。客户并不在乎你用什么方法去帮助他们解决问题，客户只重视当他们有需要的时候，你用什么态度去对待他们。服务是一种感觉，给客户最棒的感觉，就是不要和客户逞口舌之快。

拥有客户一辈子的支持,才算是真正的成功,而做好"售后服务"正是拥有客户一辈子支持的最佳途径。

营销的目的，不仅在于卖出商品，还包括客户使用后获得满足。营销人员为了加强与客户的联系而获得客户的信赖所进行的活动，我们称之为"确保客户活动"。客户对于营销人员，除了能够给他确保商品性能的营销服务外，更希望和营销人员之间保持长久亲密的伙伴关系。为了使客户的期望获得满足，营销人员应该把"确保客户活动"当做更高层次的营销目标，并且适时提供客户所要求的一切。

把售后当做营销工作的结束

有些目光短浅的人认为服务是一种代价高昂的时间浪费，因此把售后当做营销工作的结束，这种观点和做法是完全错误的。因为

在现代营销环境条件下，没有服务就没有营销，这已经是不争的事实。

售后服务无处不在。走遍大街小巷，有形和无形的售后服务随处可见。在一些服装店内，写着"凡是在本店购买的毛料衣物可以免费干洗"；珠宝专柜特意标明"凡在本专柜购买的饰品均可免费清洗、维修、调换"；家电商场中一块巨大的牌匾上注有"本商场为您提供免费配送、免费安装、免费更换小零件等服务"……除了这些有形的售后服务外，无形的售后服务也充斥人们的生活之中。节日问候、会员之家、天气预报等，这些都是商家在除了针对产品本身的维修之外新增加的售后服务范围。另外，随着人们生活水平的逐步提高，一件产品的受欢迎程度已经不再仅取决于产品质量这一个方面，产品的售后服务可以使消费者对商家产生依赖感，甚至比广告更能吸引客户。因此有人认为，售后服务堪比广告作用。

越来越多的商家认识到了售后服务的重要性。著名的营销人员坎多尔弗十分注重成交后的服务，在他看来，"优良的服务就是优良的营销"。他说："要想与那些优秀的营销人员竞争，就应多关心你的客户，让客户感到你这儿有宾至如归的感觉。你应该建立一种信心，让他永远不能忘掉你的名字，你也不应该忘记客户的名字。你应确信，他会再次光临，他也会介绍他的同事或朋友来。能使这一切发生的方法只有一个，就是你必须为客户提供优质服务。"坎多尔弗不仅在营销过程中提供优质服务，而且还传授了他的售后服务方式，他说："有个好主意可使你在售后继续提供优质服务，那就是在成交后着手给他写上几句什么，或是打个电话。""如果不与你的客户保持联系，你就不可能为其提供优质品的售后服务。"坎多尔弗在其营销生涯中，自始至终都牢记着这一信条，可以说这是他成功的关键所在。

营销大师原一平说:"营销前的奉承,不如营销后的周到服务,这是制造永久客户的'不二法门'。"无论多么好的商品,如果服务不完善,客人便无法得到真正的满意,甚至当服务方面有缺陷时,会引起客户的不满,从而丧失商品自身的信誉。

要记住,没有一件产品是十全十美的。当然,产品制造得越好,其所需要的服务工作越少。但是,如果需要服务的话,那么这种服务一定要是最好的。许多公司称营销人员为"处理机械修理工作的人员"。机械工为客户所做的每一次服务,都可以说是一种营销行为。

有人认为售后服务工作难做,其实,只要紧紧抓住以下关键词,售后服务工作就变得相对简单了。

第一,观念与态度

"观念"一词的基本意义是客观事物在人的头脑里留下的形象,一般是指人对事物的认识程度。一个人的观念直接影响着他的行为,是一个人为人处事的思想基础。作为直接从事售后服务的工作人员,更要把售后服务放在一定的高度来看待。实践证明,在市场竞争异常激烈的今天,把售后服务工作放在任何高度都是不过分的。热情、真诚地为客户着想的服务能带来客户的满意,也是保持客户忠诚度的有效举措。

客户对产品利益的追求包括功能性和非功能性两个方面,前者更多地体现了客户在物质方面的需要,后者则更多地体现在精神、情感等方面的需要,如宽松、优雅的环境,和谐、完善的过程,及时、周到的服务等。随着社会经济的发展和人民收入水平的提高,客户对产品非功能性利益越来越重视,在很多情况下甚至超越了对功能

性利益的关注。企业在实施这一举措中，满意的售后服务便是成功法宝之一。一般而言，营销时除了营销的产品好以外，服务的态度与专业的能力是最重要的。现代化的社会中，越来越讲究服务品质，所以在相互竞争中，除了商品价格的竞争以外，就是贴心的服务了。更多更好的售后服务，不仅会增加客户对产品的信心，还会吸引客户第二次消费与主动推荐。

第二，履行承诺

在市场激烈的竞争态势下，每一个品牌及每一个代理商都使出浑身解数吸引用户，以达成营销。向客户承诺是增加产品竞争能力的有效手段，如向客户承诺延长保修期；承诺为客户找工程；承诺向客户赠送配件或其他礼品；承诺客户终身免除工时费；承诺限时到达现场及限时完成服务等。

在现实的售后服务工作中，许多客户的抱怨来自于厂家或代理商向客户的承诺无法兑现。这就要求我们在对客户作出承诺时一定要考虑自己的实际情况，与自身实际情况及能力水平相差甚远的承诺一定不能说出口，承诺说出口则一定要保证言出必行。

第三，换位思考，争取多赢

从不同的角度观察一件事物，会看到不同的景象。因而，我们应该在更多时候站在全面的角度考虑问题，照顾到各方面的利益。这也就是我们经常说到的换位思考，这是提高工作质量的最有效办法之一。

售后服务工作的目的不仅是为满足用户购买产品以后的服务需

求,而且,是收集客户意见与建议,用以提高产品质量的有效手段。我们每为客户解决一个问题,我们自身也就得到了相应的提高;每增加一个满意客户,我们产品的市场基础就更加稳固一些。也就是说,在整个售后服务工作中最终受益的不仅是客户,也包括生产企业及代理商。良好的售后服务工作在切实解决用户问题的同时,缩短了生产企业及代理企业与用户之间的距离,使品牌形象不断得到升华。

总之,市场经济发展到现在,客户售后服务已经不是简单的、最低要求的礼貌问题,光说应酬话或光说"是"已经不够了——绝大多数人早已可以在这一点上做得很好。对于处于激烈竞争中的营销人员来说,客户售后服务方面的竞争直接决定着营销的成败。一个重视售后服务、不断改善售后服务品质、提供售后服务质量的营销人员必然会受到客户的认可,提升满意度从而使客户成为忠诚客户,直至成为永久客户。

无视、抗拒客户对产品的投诉

营销人员在服务过程中经常会遇到客户投诉,一提到客户投诉有些人就感到害怕,视客户的投诉如洪水野兽,担心处理不好会影响到自己或公司的声誉,所以希望投诉越少越好。无视、抗拒客户对产品的投诉,结果使得本来还有机会挽留的客户也离开了。

实际上,客户投诉是一种正常的现象,即使是世界顶级品牌的企业也会遇到客户投诉,关键是我们要如何正确看待客户投诉。从客户投诉中我们可以了解到客户的真正需求,反映出我们工作或产品中的不足,我们可以从中吸取教训,改善我们的产品和服务,使

我们不断地提高。

余世维博士有一个观点说:"客户投诉是我们的第二次表现机会。"说明我们在第一服务中还存在不足,客户投诉来了,我们可以借机好好表现一下。通过妥善处客户户投诉,我们就能够找出症结所在,在以后的工作中就可以避免类似的错误,尽力做好,使每一个客户满意。

处理客户投诉,营销人员应该做到以下几点。

第一,做好接待投诉者的心理准备

为了正确、轻松地处理客户投诉,必须做好接待投诉客户的心理准备。

首先,树立"客户总是对的"信念。一般来说,客户来投诉,说明我们的服务和管理有问题,而且,不到万不得已或忍无可忍,客人是不愿前来当面投诉的。因此,要首先替客户着想,树立"客户总是对的"信念,换一个角色想一想:如果你是这位客户,遇到这种情况,你是什么感觉?更何况在服务业,我们提倡在很多情况下,"即使客户错了,也要把'对'让给客户"。只有这样,才能减少与客户的对抗情绪。这是处理好客户投诉的第一步。

其次,要掌握投诉客户的三种心态,即求发泄、求尊重、求补偿。投诉客户通常有三种心态,一是求发泄,客户遇到令人气愤的事,怨气回肠,不吐不快,于是前来投诉;二是求尊重,无论是软件服务,还是硬件设施,出现问题,在某种意义上都是对客户不尊重的表现,客户前来投诉就是为了挽回面子,求得尊重(有时,即使企业没有过错,客人为了显示自己的身份与众不同,或在同事面前"表现表现",也会投诉);三是为了求补偿,有些客户无论企业有无过错,或问题是大是小,都可能前来投诉,尽管他可能一再强调"并不是钱的问题",但其真正的目的并不在于事实本身,也不在于求发泄或求尊重,而在于补偿。因此,在接待投诉客户时,要正确理解客户、尊重客户,给客户发泄的机会,不要与客户居进行无谓的争辩。如果客户投诉的真正目的在于求补偿,则要看看自己有无权利这样做,如果没有这样的授权,就要请上一级管理人员出面接待投诉客户。

正确处理好客户投诉实际上是一门艺术,请记住:如果处理好客户的投诉,70%的客户还会继续购买,如果能够当场解决,95%的客户会继续购买。所以我们要保持一种正确的心态,以下十大原则可以借鉴:①树立"客户永远是对的"观念,我们是给客户带来满意的人;②牢记自己代表的是公司品牌的整体形象,要有责任感和荣誉感;③道歉要有诚意,有诚意才能打动客户的心、化解客户的怨气;④应该及时与客户一起妥善地找出解决问题的办法;⑤就算是客户的错,也要以该客户满意为目标解决问题;⑥让客户在任何情况下都需面对一个窗口,其他的交接和处理工作应在内部完成;⑦共同努力处理投诉,绝不能推卸责任;⑧向客户解释清楚产生这种现象的原因;⑨追踪、致谢,期望客户继续支持;⑩克制自己,以第三者客观的角度保持冷静。

第二,认真倾听客户投诉,并注意做好记录

客户的投诉要认真倾听,切勿随意打断客户的讲述或做胡乱解释。此外,要注意做好记录,包括客户投诉的内容、客户的姓名、房号及投诉时间等,以示对客户投诉的重视,同时也是处理客户投

诉的原始依据。

第三，尊重客户的感觉

在听完客户的投诉后，要对客户的遭遇表示抱歉（即使客户反映的不完全是事实，或企业本身并没有过错，但至少让客户感觉不舒服、不愉快）。同时，要对客户的不幸遭遇表示同情和理解。这样会使客户感觉受到尊重，会使客户感到你和他站在一起，而不是站在他的对立面与他讲话，从而减少对抗情绪。

客户进行了投诉，说明我们肯定有什么地方做得不对或者不好。所以我们必须强调对客户的理解。权威人士指出：绝大多数的客户都确信自己的批评是正确的。因此，争论谁对谁错毫无意义，其结果只会激化矛盾，让已经不满意的客户更加不满，而我们的职责是拉回那些已经产生不满的客户。专家统计分析得出：寻求客户满意的成本甚至是客户进行必要赔偿所带来的收益的数倍。

售后服务人员要让客户觉得：我是在自己的店里购物，应该享有充分的自由，我就是主人；而售后服务人员只是为我服务的人。特别是客户在购物中受到了来自经济、心理、时间的压力时，售后服务人员尽量认同客户及感觉，这种默许的方式有助于缓和客户的烦躁和不满，为下一步圆满的处理问题打下良好的感情基础。

第四，对客户反映的问题立即着手处理

客户投诉最终是为了解决问题。因此，对于客户的投诉应立即着手处理，必要时，要请上级管理人员亲自出面解决。在接待和处理客户投诉时，要注意以下几点：

（1）切不可在客户面前推卸责任。在接待和处理客户投诉时，一些员工不自觉地推卸责任。殊不知，这样给客户的印象反而更糟，使客户更加气愤。结果，旧的投诉未解决，又引发了客户新的更为激烈的投诉，出现投诉的"连环套"。

（2）尽量给客户肯定的答复。一些管理人员认为，为了避免在处理客户投诉时使自己陷入被动，一定要给自己留有余地，不能把话说死。失误发生后，应该在第一时间处理，时间越长，客户受的伤害就越大，客户的忠诚度就会受到严重的考验。所以必须制定相应的制度，以加强我们的管理。比如，不说"十分钟可解决"，而说"我尽快帮您办"或"我尽最大努力帮您办好"。殊不知，尤其是日本及欧美客户，最反感的就是不能把话说明，什么事情都没有个明确的时间概念。因此，处理客户投诉时，要尽可能明确告诉客户多长时间内解决问题，尽量少用"尽快"、"一会儿"、"等等再说"等时间概念模糊的字眼。如果确实有困难，也要向客户解释清楚，求得客户的谅解。

第五，对投诉的处理过程予以跟踪

接待投诉客户的人，并不一定是实际解决问题的人，因此客户的投诉能否得到解决仍然是个问号。事实上，很多客户的投诉并未得到解决。因此，必须对投诉的处理过程进行跟进，对处理结果予以关注。

缺少有效的售后服务管理机制

满足客户的需求已成为营销人员成功的关键,为客户提供更多的、具有更高附加价值的产品与增值服务项目,让客户时时感受到你的诚意,从而不断成交。有的营销人员还没有认识到满足客户的需求即是迈向成功的基石,因此他们不能通过建立自己的客户服务管理系统来拉近与客户的关系,不能更好地满足客户的需求,以致提高不了自己及公司的竞争优势。可以说,客户服务时代已经到来,营销人员需要做的就是树立正确的客户服务理念,加强与客户的沟通,为客户提供富有成效的服务。

许多有识之士已经意识到:帮助客户就是帮企业自己;帮助你的客户,与客户缔结战略伙伴关系。因此,建立有效的售后服务管理机制是必不可少的。

第一,分类管理,"区别对待"

客户是营销人员乃至企业的安身立命之本,但针对不同客户要"区别对待"。不同客户的盈利能力是不同的,而服务于客户是要付出成本的。因此,明智的做法应该是区别对待他们。

经济学上有一个很重要的法则叫"二八原理",这个原理告诉我们,20%的客户,创造了80%的营销收入。因此,对于每个企业来讲,首要的任务是要对所有的客户进行分类,对主要的客户实行重点管理,在他们身上投入更多的人力、物力和财力,以便通过营销商品或提供劳务,从他们身上创造更多的现金流入量。当然,对于那些未能纳入重点管理类别的客户，也不能轻易放弃，只是管理的频率与幅度不同罢了。比如，海尔集团对于"海尔家庭"的管理，其内容就要比一般的用户丰富得多；但同时，他们对于一般的用户，也没有放弃必要的管理和服务。

明确企业的客户范围和客户之间的差别，然后针对不同的客户采取不同的服务策略，是客户服务管理中至关重要的一步。以客户自身的性质差别划分客户类型是最主要的和应用最广泛的划分方法。

可以将客户划分为以下四种：①零售客户，即购买最终产品与服务的零售客户，通常是个人或家庭。②商家，即将购买企业的产品或服务并附加在自己的产品上一同出售给另外的客户。③渠道分销商和特许经营者，即不直接为企业工作，并且不需为其支付报酬的个人或组织。他们购买产品的目的是作为企业在当地的代表进行出售或利用企业的产品。④内部客户，即企业内部的个人或业务部门。

第二，选择优质客户

当识别和确定了客户群体后，还应该进一步选择优先开发的目标客户。所谓优先，是指那些与你推诚相见，建立了相互信任关系，能够为你提供稳定的现金流量的客户。具有以下特征的客户往往是营销人员优先考虑和开发的合适客户：

有些客户天生办事可靠、为人诚实，不管是跟哪家企业做生意。这种人喜欢稳定而长期的业务关系。

有些客户比一般客户有更高的潜在利润。他们买东西较多或习惯于在某处集中购买，付账及时，需要的服务相对简单。

有些客户会觉得企业的产品和服务比竞争对手的更好、更可靠、更加物有所值。

作为一个营销人员，你吸引符合上述情况的客户越多，那么你可拥有的优质客户就会越多，客户保持率就会越高，客户群体生命周期就会越长。营销人员所代表的企业把利润的一部分再用于回报客户，在产品质量和服务质量有保障的同时，加上日积月累的价值回报，必会使原本忠诚的客户更加忠诚。

第三，及时与客户进行沟通

营销人员要主动与客户沟通，让客户感觉到企业与客户之间不仅是一种买卖关系，更多地体现为朋友关系。沟通是带有很浓厚的人情味的，而不是简单的说教，冷冰冰的沟通方式则会适得其反。通过与客户的沟通，使所有的客户自觉成为你的产品营销人员、市场调查员、信息反馈员。

当一个营销人员开拓了一个新的用户之后，就意味着有可能创造一个源源不断地现金流入的机会，要将第一次交易当成与客户往来的开始，而不是结束。但客户始终处于流动之中，即使是同一客户，其对产品和服务的需求也是持续变化的。因此，营销人员应该随时根据情况的变化，调整重点管理的客户对象，僵化或者一成不变的管理方式是难以收到好效果的。

第四，建立客户忠诚

客户忠诚是逐渐积累起来的，客户在与企业初次打交道的时候，总是怀着疑虑的心态。但只要企业能够打消客户的这种疑虑，并让客户确信他的选择是正确无误的,客户忠诚的建立也并非是一件难事。

企业可从以下手段来建立客户忠诚:

(1)不要迷信价格竞争。价格可能在某些时候是吸引客户的有效手段,但它不能长期留住客户。传统保险公司正在竞相提供高额的储蓄利率,一家公司报出的价格竟然比银行主导存款利率高出三个百分点。如果这家公司想赚钱,这样的许诺是不太可能长久的。价格是一种有力的武器,然而如果仅依靠价格武器,无论如何都将难以生存下去。

(2)多渠道为客户提供优质服务。价格仅是一个有吸引力的区别工具。客户并非一个简单的营销对象,同时也是服务对象。他们得到了一些额外的东西,那些使他们与企业交易时变得愉快、有收获、受欢迎。企业可从以下渠道为客户提供服务:及时、专业、礼貌地与客户打交道;听取他们的意见,努力满足客户甚至超越他们提出的需求;给他们再次惠顾的有力理由。

(3)让客户打消自己的疑虑。客户在一开始总是抱着很强的怀疑情绪。客户的第一印象有时候就是他的最后印象,假如一旦他不高兴,就不会再来了。通过预先了解客户的问题,并且在问题提出之前就提供答案和解决方法,就能够克服他的疑虑。

(4)让客户自己成为专家。信任和客户忠诚是携手并行的,建立信任要求客户相信企业的能力,承诺企业的员工是专家。作为专家,企业员工的经验、历史和知识要能指导客户购买正确的产品或者服务,这是建立关系的前提和基础。

不能妥善处理索赔问题

就一个成功的营销人员来说,除了应该做好完善的"售后服务"外,必须拟订处理索赔问题的对策。无论营销什么商品都有可能发生索赔问题。但只要销人员事前做好预防工作,一般很少发生此问题。因此,营销人员一定要事前就要预测可能发生的问题,并准备万全的对策。

其实,最有效的处理索赔方法就是预防抱怨情况的发生。为了达到这个目的,在营销过程中,营销人员应事前做好预防的工作。也就是说,必须以诚恳的态度不断地向客户说明商品、契约条件、交货问题、使用的注意事项以及万一发生问题时的处理方式等。实际上,只要买方与卖方之间建立充分信赖的关系,很少会发生索赔的情况。一旦发生索赔问题,无论问题大小都要谨慎处理。

除了人员需谨慎处理以外,公司其他人面对问题时,也必须小心应付才是。因为客户索赔的真正目标是公司,营销人员不过是中间的桥梁罢了。因此,当买方提出索赔问题时,卖方所有的人均应共同负责,诚心诚意而迅速地处理。索赔问题如果一开始就处理不当,往往会招致不良的后果;反之,则可与客户继续维持持久的信任关系。因此,营销人员应积极处理索赔问题,以增加日后营销的机会。

导致索赔问题发生的原因很多,不过,归纳之后不外乎下列四项:

(1)卖方造成。这类原因多半是由于"营销人员本身说明不足"所致。常见的情况如卖方以本身惯用的"专门术语"来说明商品及交易条件等,买方则自以为已经了解而未加追问;营销人员只是一味地向客户说明,而忽略了设身处地去为对方着想;营销人员误以为目录或说明书上均已详细记载，对方必然已经十分了解，事实上对方面对着完全陌生的商品说明书，即使翻阅两三次，所能明白的仍然极为有限。此外，还有出货、运输、装置及有关"处理货物业务所引起的问题"均是卖方内部的问题，如果处理不当，均会发生索赔问题。最后，"商品本身的缺点"也是属于卖方的责任。因此，在处理卖方造成的索赔问题时，应特别注意妥善处理，不可逃避或隐瞒事实，以免伤了和气。

（2）买方造成。发生索赔问题多半是"客户误解"引起的，而且发生的概率非常频繁。这种误解之所以产生，通常是因为卖方说明不足所致。任何一位客户都希望能够维护自己的利益，若要追根究底，还是卖方的问题。

（3）不可抗拒的原因。所谓"不可抗拒"的原因，是指由"罢工"、"疫情"、"战争"或"天灾"等人力所无法抗拒的原因造成的。这些原因事前都无法预测和掌握．因此，一旦发生，便应积极地与客户保持联络，设法做好应对措施，避免损失的扩大。

（4）借故索赔。借故索赔是指客户为达到降价目的，而不惜以各种借口要求索赔的恶劣行为。所以，事前调查客户的品行，并谨慎挑选，才能避免发生这种借故索赔的事情。应付这类索赔问题，必须齐备有关事实的资料，并向对方表示道歉，自始至终以果断明快的态度应对。客户主动提出索赔问题时，最初的应对态度最重要，因为最初的表现会影响整个解决问题的过程。客户索赔多半是感情用事，所以营销人员需专心倾听,并表示歉意。诚心诚意地帮助客户。

为顺利处理索赔问题，平时就需准备如下手册：

（1）索赔程序手册。为了有效处理客户提出的索赔问题，事前

就需要做好索赔手册。手册上应清楚地记载如何与卖方联络,与什么人联络及联络人的相关资料等。

(2)接受索赔手册。索赔的信息多半自电话中得到,而且,电话未必是由负责的营销人员接听。因此,无论公司内什么人接到电话,均应小心对答,不得出错。为圆满完成此任务,应制作索赔手册,以妥善处理电话中提出的索赔问题。另外手册中要准备好处理索赔问题的标准对话,载明买方可能提出的质问,以及卖方应有的回答内容等。如此一来,便可借着电话当场处理索赔问题,不致延误大事。

(3)索赔联络系统图。预先决定如何处理客户提出的索赔问题,然后拟订解决方案,同时标示如何接受索赔、如何与负责的业务人员联络,以及如何把信息传给客户等。将上述内容做成图表,使全公司的员工彻底了解,并交给客户一份,告知对方实际的处理时间和处理过程,这种细心体贴的做法,往往可以避免引起对方误会。

(4)技术手册。专门的问题应由具备专业知识的人员处理,但业务人员也需具备某种程度的修理技术。为此,应将做成的标准的技术手册给营销人员人手一份。

在进行客户索赔处理时,以下几个方面的问题值得相关执行人员的注意:

(1)保持亲切友善。与客户应对时,应切记保持亲切、友善的态度,给客户一种认真负责处理事态的责任感。

(2)诚恳表示歉意。如显然归责于本公司问题时,应速向客户道歉,并尽速处理;如原因不能确定时应迅速追查原因(应对本公司的产品具备信心),不可在调查的阶段里轻易与客户妥协。

(3)及时合理赔偿。消费者的抱怨或赔偿要求,以不影响一般消费者对本公司印象的恶化为要义,由专职专业服务人员向客户致谢,并以完好的产品予以调换;如已没有同样产品时,可给予金钱的补偿。

(4)随时跟踪服务。客户要求赔偿,若赔偿调查需要耗费较长时日时,应向客户详细说明,应设法取得凭证。在处理上应注意加强追踪。

(5)分清责任轻重。如要求赔偿的原因不在本公司时,应由承办人员招集有关人员,开会以明确责任的所在,并确定应否赔偿以及赔偿的额度。

(6)快速反应联络。当赔偿事件发生时,应速将有关情报与有关部门联络,并以最快的行动来加以处理,以防同一事件的再度发生。

没有正确对待客户的抱怨

营销人员应将客户的抱怨及处理结果详加检讨,并以此为教训,在下次营销过程中引以为戒。每一次客户抱怨的时候,你都要把抱怨当成是客户送给你的一份珍贵的礼物,诚意表现,如果能消除抱怨,就会商机无限。如果你有抱怨,你就有客户。如果你把抱怨抛开,你就是抛开了客户。事情就是这么简单。

只要用心,任何抱怨都可迎刃而解。真心地道歉、耐心地处理、快速地解决。就可获取客户的信任。根据统计,四个客户中会有一个对买来的东西不满意,在这些不满意的客户中又有20%的人会提出抱怨。客户不满意,就会提出抱怨,这是当前经济社会中很普遍

的现象。没有一家公司是十全十美的,包括你现在所服务的公司在内。所以,客户抱怨难免都会发生。

通常,站在第一线的营销人员是应对客户抱怨的首当其冲者,当我们面对客户抱怨时,要如何有效应对呢?

第一,要有正确的认知和良好的心态

面对客户的抱怨,营销人员一定要有正确的认知和良好的心态。不要对客户的抱怨存有恐惧感,要把客户的抱怨视为难免会发生的事情来看待,打造"欢迎抱怨"的营销风范。

会抱怨的客户最忠实,如果我们处理的方式令他们很满意,他们会广为宣传,其卖力的程度比一开始就受到好的服务还积极。

有抱怨,你才能知道问题出在哪里,才能找到有效解决问题的方法,并避免此问题再次发生。

第二,找出最有效的解决方案

你要知道,客户抱怨的是什么,这样,你才能找出最有效的解决方案。客户抱怨可分为两种。一种是客户的问题可以解决,另外一种是客户抱怨的问题无法解决,但客户希望自己的感受被认同。

对于可以解决的客户的抱怨,我们可以参考这样的方案去处理:

(1)速度要快。找出客户希望解决的方法,如换新品或修理。

(2)降低收费,如果情况允许,完全免费。

(3)真诚地赠送礼品给客户。

(4)赠送折价券,可供下次消费使用。

(5)对于心存不满的客户,虽以"物"为诉求,但可能是对"人"

的不满，因此真心道歉绝对不能少。

（6）保证公司和自己一定改进，避免重蹈覆辙。

（7）事后打个电话，看看客户是不是很满意。

对于无法解决的客户的抱怨，可以利用以下方案挽回客户：

（1）给予精神上的补偿，最重要的当然是真心地道歉。

（2）有人出面解释问题产生的缘由。

（3）马上采取补偿行动。

（4）补偿的价值一定要超过客户具体的损失的价值。

挽回客户最好的方式，就是把自己当成是提出抱怨的客户，站在客户的角度思考问题，想想怎样才能让客户平息怒气。解决客户抱怨时，要把事情处理得尽善尽美，进而建立正面的口碑。就整体来说，"耐心"才是处理抱怨成败的关键。所以，当我们面对客户的抱怨时，一定要充满耐心，做到这一点，客户一定能感受到你的真心诚意，并重新与你建立伙伴关系。